Schirner
Verlag

LINN HAMMER

Die Aurafarben
des Menschen

Der Energiekörper als Spiegel der Persönlichkeit
und unserer Entwicklung

ISBN 978-3-8434-1111-0

Linn Hammer:
Die Aurafarben des Menschen
Der Energiekörper als Spiegel der Persönlichkeit und unserer Entwicklung
© 2013 Schirner Verlag, Darmstadt

Satz und Umschlag: Simone Fleck, Schirner,
unter Verwendung von Fotos der Autorin und
von den Bildern #27143896 (DeoSum), #10954523
(Andrea Danti), www.fotolia.de
Redaktion: Claudia Simon, Schirner
Printed by: ren medien, Filderstadt, Germany

www.schirner.com

1. Auflage Oktober 2013

Inhalt

Die Aura – die Energiekörper des Menschen 8

Die Aurafotografie 9
Die Aura – unser feinstofflicher Körper 13
Der Ätherkörper – die Gesundheitsaura 17
Der Emotionalkörper 20
  Emotionalkörper und Beziehungen 24
Der Mentalkörper und seine Reinigung und Klärung 33
Der Kausalkörper 45

Unsere Chakren – die Energiezentren des Menschen 50

Das klassische Chakrensystem 51
Wurzelchakra 53
  Kurzbeschreibung des Wurzelchakras 55
  Positive Aspekte des Wurzelchakras 56
  Negative Aspekte des Wurzelchakras 58
  Bedeutung des Wurzelchakras für die Gesundheit 60
Das Sakralchakra 61
  Kurzbeschreibung des Sakralchakras 63
  Positive Aspekte des Sakralchakras 64
  Negative Aspekte des Sakralchakras 68
  Bedeutung des Sakralchakras für die Gesundheit 70
Das Solarplexuschakra 71
  Kurzbeschreibung des Solarplexuschakras 71
  Positive Aspekte des Solarplexuschakras 72
  Negative Aspekte des Solarplexuschakras 75
  Bedeutung des Solarplexuschakras für die Gesundheit 76

Das Herzchakra   79
    Kurzbeschreibung des Herzchakras   80
    Positive Aspekte des Herzchakras   81
    Negative Aspekte des Herzchakras   85
    Bedeutung des Herzchakras für die Gesundheit   87
Das Halschakra   89
    Kurzbeschreibung des Halschakras   91
    Positive Aspekte des Halschakras   92
    Negative Aspekte des Halschakras   94
    Bedeutung des Halschakras für die Gesundheit   96
Das Stirnchakra   97
    Kurzbeschreibung des Stirnchakras   99
    Positive Aspekte des Stirnchakras   100
    Negative Aspekte des Stirnchakras   102
    Bedeutung des Stirnchakras für die Gesundheit   105
Das Kronenchakra   107
    Kurzbeschreibung des Kronenchakras   109
    Positive Aspekte des Kronenchakras   109
    Negative Aspekte des Kronenchakras   114
    Bedeutung des Kronenchakras für die Gesundheit   115

Die Farben in der Aurafotografie und
die Farbwirkung auf unser menschliches
Energiesystem   118

Die Bedeutung der einzelnen Aurafarben   119
Farbkombinationen in der Aurafotografie   125
Farben sind lebensnotwendig   127

Die Veränderungen unseres Chakrensystems durch die Energieerhöhung — 130

Das erweiterte Chakrensystem — 131
 Der Erdstern — 131
 Sakralchakra – Yin und Yang — 134
 Das vereinigte Herzchakra — 137
 Omegachakra — 139
 Das kosmische Tor — 140
 Die neuen Kopfchakren — 142
Der Lichtkörper — 144
 Lichtkinder — 148

Übungskatalog zur Reinigung und Aktivierung der Aura und der Chakren — 156

Übungen und Möglichkeiten zur Stärkung des Ätherkörpers und des Wurzelchakras — 157
Übungen und Möglichkeiten zur Aktivierung des Emotionalkörpers und des Sakralchakras — 160
Übungen und Möglichkeiten zur Aktivierung des Emotionalkörpers und des Solarplexuschakras — 163
Übungen und Möglichkeiten zur Aktivierung des Emotionalkörpers und des Herzchakras — 167
Übungen und Möglichkeiten zur Aktivierung des Mentalkörpers und des Kehlkopfchakras — 169
Übungen und Möglichkeiten zur Aktivierung des Mental- und des Kausalkörpers, des Dritten Auges und des Kronenchakras — 172
Wahrnehmungs- und Stilleübungen für Kinder im Vorschulalter und in den ersten Schuljahren — 174

Glossar — 180

Danke — 186

Literaturliste — 188

Die Aura

– die Energiekörper des Menschen

Die Aurafotografie

Die Aurafotografie ist eine wunderbare Möglichkeit, unseren feinstofflichen Körper, die Aura, für jeden sichtbar zu machen.

Der russische Professor Semjon Kirlian und seine Frau Walentina Kirliana begannen bereits in den Dreißigerjahren des letzten Jahrhunderts, diese Technik zu entwickeln. 1937 machten sie die ersten Auraaufnahmen von Menschen und Pflanzen. Kirlian, Ingenieur für Elektrotechnik, war bei der Reparatur eines medizinischen Gerätes zufällig diese Art der Aufnahme gelungen.

Die Messpunkte für die damaligen Auraaufnahmen befanden sich an den Händen und Füßen der Versuchspersonen. Das Verfahren wurde als »Hochspannungsfotografie« oder »Kirlianfotografie« bezeichnet. Dabei wurde die Aura als lichter Schein um die Person herum sichtbar gemacht. In den Bereichen, die energetisch blockiert waren, war dieser Schein unterbrochen oder vernebelt. So ermöglichten diese Aufnahmen bereits damals, Kraftpotenziale und Störungen bei einem Menschen zu erkennen.

Die Motivation, die Aurafotografie weiterzuentwickeln, bestand für Kirlian darin, der Medizin ein Gerät zur Verfügung zu stellen, welches frühzeitig Störungen im Energiefeld eines Menschen sichtbar machen kann, bevor der Körper dieser Person mit Symptomen reagiert.

Da Kirlian* unter anderem im Himalaja lebte, kam er in Kontakte mit tibetischen Lamas, mit deren Philosophie und Medizin. So war ihm bereits zu dieser Zeit der Zusammenhang von Krankheit, emotionaler, mentaler Befindlichkeit und Lebensweise bewusst.

Gemeinsam mit seiner Frau, dem Arzt Ruben Stepanow und tibetischen Mönchen, die in Hellsichtigkeit ausgebildet waren, arbeitete er an der Verfeinerung der Aufnahmetechnik.

* Das Wohnhaus von dem Ehe- und Forscherpaar Kirlian ist im indischen Himalajadorf Kulu zu besichtigen. Es sind dort etliche der ersten Auraaufnahmen zu sehen.

Kirlian experimentierte auch mit der Ablichtung von Pflanzen. So dokumentierte er, dass eine Pflanze, der ein Zweig abgeschnitten wurde, noch einige Zeit später trotzdem das gesamte, »heile« Energiefeld ausstrahlte. Deformierungen und Verletzungen, die von außen zugefügt wurden, werden erst mit einem gewissen Zeitverzug im Aurafeld sichtbar. Störungen, die durch innere Befindlichkeitsdefizite verursacht wurden, sind hingegen bereits im Aurafeld sichtbar, bevor der Mensch die damit im Zusammenhang stehenden Symptome wahrnimmt.

Durch die technische Weiterentwicklung entstand die heute bekannte Aurafotografie, welche sich schon seit über 25 Jahren eines großen Interesses erfreut. Sie bietet eine Fülle an Informationen über die Persönlichkeit und den Gesundheitszustand der gemessenen Person. Aufgrund des hochwertigen Filmmaterials, welches uns heute zur Verfügung steht, kann die Aura sehr detailliert und in einer großen Farbvielfalt sichtbar gemacht werden.

Der Begriff »Aurafotografie« ist allerdings etwas irreführend, da die Aura nicht fotografiert, sondern über die Hände gemessen wird. Die Methode ist eine Form der Bioresonanzmessung. Das Foto/Sofortbild, welches von der Person gemacht wird, dient nur als Träger der Auramessung. Unsere Hände spiegeln alle Informationen über die emotionale, die mentale und die gesundheitliche Verfassung des Menschen wider. Auf diese Weise entsteht eine Aufnahme, die meist von sehr kraftvollen Farben geprägt ist. Die Auraaufnahme enthält, ähnlich wie ein EKG oder EEG, viele Informationen über den Gesundheitszustand des Menschen, welche dann entsprechend interpretiert werden können.

Die Aura sehen

Für uns Menschen ist es durchaus möglich, die Aura auch ohne ein technisches Hilfsmittel zu erfassen oder zu sehen. Wir alle verfügen über die hierfür notwendige Anlage, die bei jedem Menschen unterschiedlich stark ausgeprägt ist (vergleichbar mit musikalischer Begabung). Es ist kein willentliches Sehen, das allein über die Funktion der Augen und das intellektuelle Bewusstsein gesteuert werden kann. Das Aurasehen benötigt als Grundlage Intuition, Selbstvertrauen und ein offenes Herz.

Zu Beginn ist es hilfreich, das Aurasehen mit einer vertrauten Person vor einer weißen Wand zu üben. Bringen Sie Ihre Gedanken zur Ruhe, indem Sie achtsam ein- und ausatmen. Zentrieren Sie sich in Ihrem Herzen, und schauen Sie mit einem »weichen, verträumten« Blick – ohne Absicht. Mit ein wenig Übung und Geduld stellt sich das intuitive Sehen ein.

Bei meinen Seminaren ist diese Übung immer mit viel Staunen und Spaß verbunden. Häufig werden von den Übenden unterschiedliche Farben gesehen. Die Farbwahrnehmung des Herzzentrums reicht von Grün über Rosa, Weiß, Türkis bis Hellblau. Der eine fühlt die Farbe, der nächste sieht oder erfasst die Farbe über ein inneres Wissen.

Es gibt verschiedenste Formen des intuitiven Sehens, wobei hier die Klarheit sowie das Vertrauen in die eigene Wahrnehmung entscheidend sind. Es wird deutlich, dass das Farberleben stark von Emotionen, Erfahrungen und Überzeugungen beeinflusst wird.

Im Farbempfinden beim Aurasehen sowie in der Aura eines Menschen spiegelt sich die Einzigartigkeit der Persönlichkeit. So gleicht keine Aura der anderen. Sie ist individuell in der Farbgebung und Farbanordnung, vergleichbar mit dem persönlichen Fingerabdruck, welcher bekanntermaßen bei jedem Menschen verschieden ist.

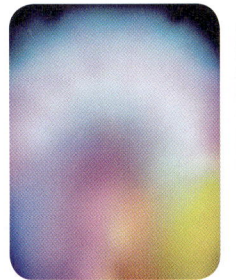 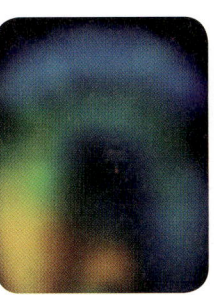 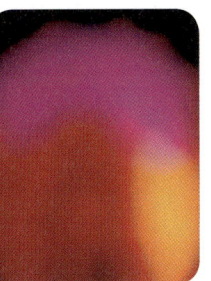 

»Erkenne dich selbst.«

Inschrift über dem Eingang zum

Apollotempel in Delphi

Die Aura –
unser feinstofflicher Körper

Jedes Lebewesen besitzt eine Aura, d.h. einen feinstofflichen Körper. Menschen, Tiere, Bäume und Blumen haben eine Aura. Zur Bezeichnung dieses Phänomens nutzen wir auch andere Ausdrücke wie »Ausstrahlung« oder »Charisma«.

Die Aura ist das elektromagnetische Feld, welches als sogenannter Energiekörper den physischen, sichtbaren Körper umschließt. Sie ist die Verbindung zwischen hoch schwingender, kosmischer Energie und der niedrig schwingenden Energie der materiellen Ebene unseres physischen Körpers.

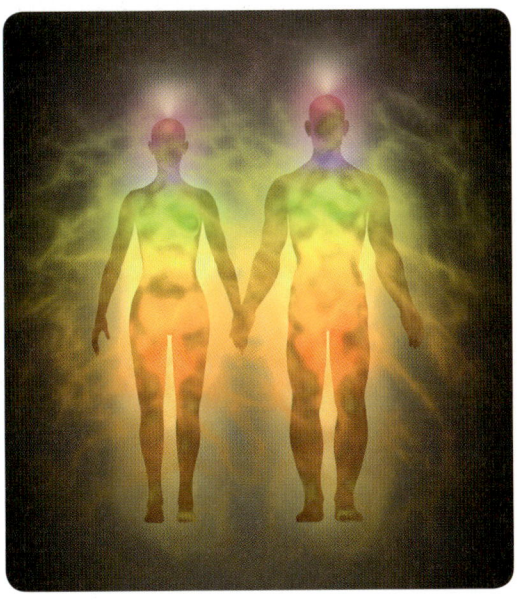

Durch die Auramessung werden der physische Körper – mit allen Organen –, der Ätherleib, der Emotional-, der Mental- und der spirituelle Körper in ihrer jeweiligen Schwingungsfrequenz sichtbar gemacht.

Aus Sicht der vedischen/yogischen Weisheitslehre bestehen der physische und der feinstoffliche Körper, mit allen Bewegungs- und Sinnesorganen, aus fünf Elementen:

Erde, Wasser, Feuer, Luft, Äther und Akasha.

Das Erdelement steht für Form, Festigkeit, Widerstand und ruft Anhaftung hervor; es steht auch für das Gedächtnis.

Das Wasser symbolisiert alles Fließende, sich Bewegende – auch körperlich gesehen. Wasser erschafft Leben und steht für Emotionen.

Das Feuerelement steht für die Bewegung, die Wahrnehmung und die Unterscheidungskraft.

Das Luftelement versinnbildlicht subtile Bewegung und Veränderung; es steht für die Zeit und das Denken.

Der Äther steht für die Seele; er manifestiert sich als die Idee von Raum, Zeit und Verbindung. Über den Äther stehen wir in Kontakt mit der geistigen Welt und der Akasha-Chronik.

Der feinstoffliche Körper, der unseren grobstofflichen, physischen Körper umschließt, teilt sich in verschiedene Bereiche auf:
Der physische Körper wird umgeben vom Ätherkörper, der die Körperkraft und die Gesundheit des Menschen spiegelt. Ist der Mensch kraftvoll und aktiv, so erscheinen klare, leuchtende Aurafarben ohne Störfelder, die als trübe Farben (Schattierungen) zu erkennen wären.

Die Farben, die durch die Aurafotografie sichtbar gemacht werden, zeigen die Vielfältigkeit von uns Menschen.

Der Ätherkörper ist umschlossen vom Emotionalkörper. Dieser ist in der Ausdehnung individuell sehr unterschiedlich, je nachdem, wie intensiv der Mensch seine Gefühle lebt. Auch hier spiegeln sich in den Farben die Kraft der Emotionen und die Empfindsamkeit eines Menschen wider.

Der Emotionalkörper ist vom Mentalkörper umgeben. Diese beiden Energiekörper korrespondieren eng miteinander. Gedanken bestimmen Emotionen; Emotionen beeinflussen Gedanken. Die verschiedenen Farben und ihre Intensität dokumentieren die Individualität des Mentalkörpers.

Der Kausal- oder spirituelle Körper ist der Aurakörper, der den Grobkörper und alle feinstofflichen Körper umhüllt. Im Kausalkörper zeigt sich über die Farben, wie ein Mensch seine Spiritualität lebt bzw. wie gut er die Verbindung zur geistigen Welt in sein Leben integriert hat.

Jede Persönlichkeit verfügt über ein eigenes Farbenspiel der Aura. Das gemeinsame Wirken von Körper, Geist und Seele spiegelt sich in den verschiedenen Farbaspekten. Es gibt kein vorgegebenes Farbmuster, das wir in unserer Entwicklung erreichen müssen. Es geht darum, seine »Farbpersönlichkeit« zu leben und damit sein wahres Potenzial zu entfalten. Leuchten die Aurafarben rein und klar, ist man in seiner Kraft, und Körper, Geist und Seele sind im Einklang.

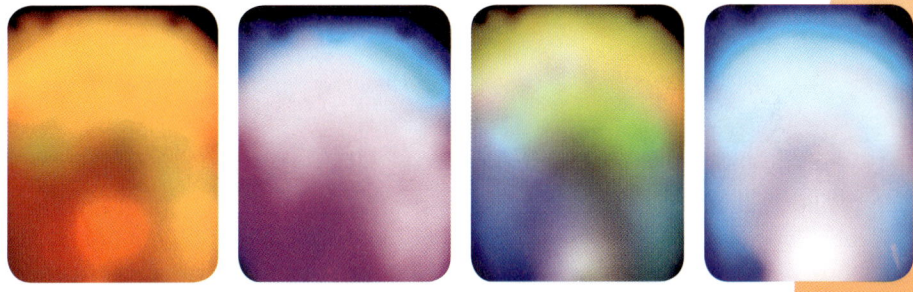

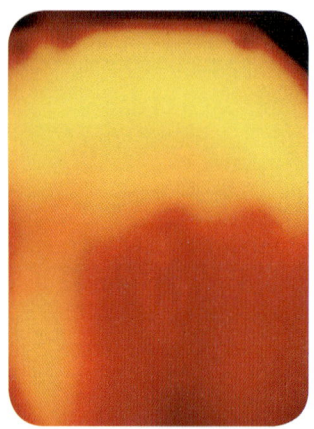

« Diese Feuerfarben lassen einen kraftvollen Menschen erkennen. Das dunkle Rot zeigt starke Anspannung im gesamten Körper und im Ätherkörper, jedoch auch viel Produktivität, aus der dieser Mensch schöpfen kann.

« Dieses Foto zeigt einen selbstbewussten, starken Menschen (Gelb); er ist empfindsam (Lavendel) und hat ein gutes Körpergefühl sowie ein offenes Herz. Die verschiedenen leuchtenden Farben zeigen eine aktive, intuitive, lebensfrohe Persönlichkeit.

Energieblockaden sind bereits in der Aura sichtbar, einige Zeit bevor der Körper mit Symptomen reagiert. Da die Auraaufnahme Hinweise gibt, ob Störungen im Energiefluss eher vom Emotional-, Mental- oder dem spirituellen Körper ausgehen, erhält man klare Informationen, auf welcher Seinsebene Ursachen für bestimmte Lebensthemen des Menschen zu finden sind.

Der Ätherkörper – die Gesundheitsaura

Die den physischen Körper direkt umgebene Energieschicht ist die Gesundheitsaura, auch Ätherkörper genannt. Hier sind alle Informationen über unseren physischen Körper enthalten.

Im Ätherkörper wird über die Auramessung sichtbar, inwieweit sich die Körperfunktionen im Gleichgewicht befinden, d. h., ob wir gesund sind oder es in bestimmten Körperregionen Störungen gibt. Über die Auraaufnahmen können keine konkreten Krankheitsdiagnosen gestellt werden, jedoch wird klar ersichtlich, in welchem Organ- oder Chakrenbereich der Energiefluss blockiert ist. So bietet die Auraaufnahme zudem einen ganzheitlichen Blick auf die Gesundheit und eröffnet damit die Möglichkeit, Ursachen von Blockaden aufzudecken.

Aus Energieblockaden im feinstofflichen Körper können sich Krankheitssymptome im physischen Körper entwickeln.

Im Ätherkörper und im Zellsystem des grobstofflichen Körpers sind alle Informationen, dementsprechend alle Befindlichkeiten und Krankheiten aus früheren Leben, gespeichert. Dieses Phänomen bildet einen Teilaspekt von z. B. angeborenen Krankheiten oder von besonderen körperlichen Fähigkeiten und Konstitutionen.

Das heißt nun aber nicht, dass wir diesen »Altlasten« ausgeliefert sind. Wir sollten die Tatsache eher als Herausforderung ansehen, da wir zu jeder Zeit die Freiheit besitzen, einen selbstbestimmten Weg einzuschlagen. Auf unser Körpersystem bezogen tragen wir die Verantwortung, dieses so gesund und rein zu erhalten wie möglich. Ist der Körper gesund und kräftig, fühlt man sich gut und kann das Leben in vollen Zügen genießen.

Die beiden unteren Fotos zeigen die gleiche Person im Abstand eines Jahres – ein anschauliches Beispiel, wie Energieblockaden bearbeitet werden können:

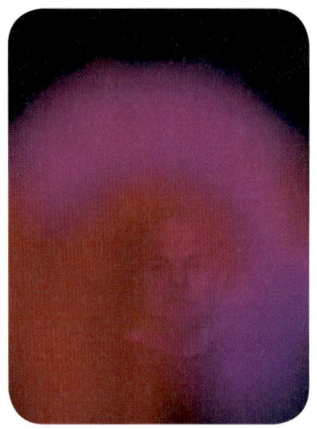

« Der Ätherkörper lässt im Dunkelrot starken Druck durch Dauerbelastung erkennen. Das Violett spiegelt eine intuitive Persönlichkeit, die versucht, für diese Lebensumstände Lösungen zu finden.

« Nachdem bewusste Veränderungen im Leben stattgefunden haben ist die Aura durchlichtet und größer in ihrer Ausdehnung. Im Ätherleib um den Körper herum ist im Rot noch Anspannung zu sehen, doch zeigen sich im Orange und im Gelb wiedergewonnene Vitalität und Lebensfreude.

Erlangen wir wieder einen ganzheitlichen Blick auf unser Leben, werden uns Zusammenhänge bewusst. Dann erkennen wir, dass verschiedene Faktoren wie z. B. die Ernährung, das Denken, die Gefühlswelt und die individuellen Lebensumstände, die wir kreieren, auf unseren Gesundheitszustand Einfluss nehmen.

Sich jederzeit seiner Stärken bewusst zu sein gibt Kraft und hilft, lösungsorientiert das Leben zu meistern.

« Dieses Bild offenbart in seinen kraftvollen Farben eine aktive, flexible Persönlichkeit. In der Gesundheitsaura, die in der Bildmitte überwiegend orange erscheint, spiegelt sich viel Energie. Die dunkleren Anteile von Orange und das Dunkelrot lassen Belastungen erkennen.

« Hier stellt sich der Ätherleib in Grau, links in Orangebraun und rechts anteilig in Grün dar. Das Grau in der Körpermitte deutet auf gesundheitliche Störungen im Herzzentrum hin, ausgelöst durch emotionale Blockaden (Orangebraun). Das Grün zeigt ausgeprägte Sensibilität.

« Diese Farbkombination lässt erkennen, dass die Person gerade dabei ist, viel in ihrem Leben zu verändern. Der Ätherkörper ist überwiegend lavendel, was auf einen empfindsamen Menschen hindeutet. Der braune Halbkreis in der Mitte des unteren Bildrandes dokumentiert eine starke Übersäuerung des Magen-Darm-Traktes.

« Die Farbkombination von Violett und Dunkelblau im Ätherkörper offenbart einen sehr intuitiven Menschen. Die violette Kugel im Herzzentrum (Mitte untere Bildhälfte) lässt Stärke auf körperlicher und emotionaler Ebene erkennen. Der schwarze Halbkreis in der Mitte des unteren Bildrandes und der fast schwarze Kreis über dem Herzzentrum deuten auf körperliche Erschöpfung und eine Anlage für Probleme im unteren Rücken hin.

Der Emotionalkörper

Der Emotionalkörper umschließt und durchdringt den Ätherkörper. Wie jeder von uns immer wieder selbst spüren kann, wirken sich unsere Emotionen auf den physischen Körper aus (z. B. Herzklopfen bei Angst, flaues Gefühl im Magen bei Unsicherheit etc.).

Im Emotionalkörper und im Zellsystem des physischen Körpers sind sämtliche je empfundenen positiv oder negativ erlebten Emotionen gespeichert – auch die aus früheren Leben. Jeder kennt das Phänomen von sehr positiv oder negativ gestimmten Menschen, die oft ohne ersichtliche Gründe ihre Prägung leben. Dabei spielen immer auch kulturelle, religiöse und Kindheitsaspekte des aktuellen Lebens eine wichtige Rolle. Jedoch wird mir in meiner Arbeit sehr oft bestätigt, wie wichtig es ist, die »frühzeitlichen«, über das aktuelle Leben hinaus zurückreichenden und karmischen Auswirkungen in einen Bewusstseinsprozess miteinzubeziehen. Es ist sehr hilfreich, diese Seinsebene, das Wissen um die Auswirkungen karmischer Aspekte, in Behandlungen zu integrieren, um den Menschen in seiner Ganzheit zu erfassen.

Im Emotionalkörper sind die Kreativität, die Intuition und die Sensibilität zu Hause. Er ist der Teil des feinstofflichen Körpers, in dem die weiblichen

Aspekte, das ganzheitlich Erfassende und das Musische unserer Persönlichkeit sitzen. Das Empfinden für Schönheit und Harmonie im Leben wird von diesem Bereich unseres Seins geprägt.

Als Element ist diesem Bereich das Wasser zugeordnet.

Für das Erleben von positiven Gefühlen wie Freude oder Liebe öffnen wir uns, da sie uns stärken. Spüren wir negative Gefühle wie Zweifel oder gar Angst, neigen wir eher dazu, diese abzuwehren. Dabei ist es wichtig, auch negative Empfindungen zu akzeptieren, da sie ein Teil unserer Persönlichkeit sind. Erst wenn sowohl negative als auch positive Gefühle zugelassen werden, kann man mit deren Verarbeitung beginnen. Nehmen wir unsere Empfindungen ohne Vorbehalte an, führt das langfristig zu innerem Frieden und somit zu emotionaler Ausgeglichenheit.

Mutter Natur kann uns hier eine Lehrmeisterin sein. Ein Fluss hört nicht auf zu fließen, wenn ein Felsbrocken ins Wasser fällt. Das vermeintliche Hindernis wird Teil des Ganzen. So, wie das Wasser den Felsbrocken nicht abstoßen oder loswerden kann, so verhält es sich mit unseren Gefühlen.

Erfahren oder entwickeln wir ein Gefühl, so wird es ein Teil von uns. Wenn man etwas emotional Berührendes erlebt, bleibt die Erinnerung (Körper-Erde-Gedächtnis). Alle Erlebnisse, ob positiv oder negativ empfunden, machen einen Menschen reicher an Erfahrung. Es geht im Leben darum, die Erfahrungen anzunehmen und in sein Selbst zu integrieren, d.h., es ist wichtig, auch belastende Gefühle zu akzeptieren. Wenn eine Belastung in der Tiefe erkannt und danach verarbeitet wurde, besteht die Chance, die zugrunde liegende negative Erfahrung nicht noch einmal machen zu müssen. Nur wenn alte, überholte Verhaltensmuster, die uns immer wieder in schwierige Situationen führen, beibehalten werden, wiederholen sich negativ erlebte Emotionen. Erst wenn wir diesen Kreislauf durchbrechen, stehen wir mit der Energie der belastenden Erfahrung nicht mehr in Resonanz.

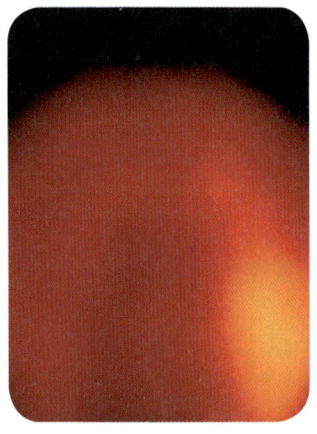

« Das Dunkelrot des Ätherkörpers breitet sich bis in den Emotionalkörper aus. Links zeigt sich in dunkelroten Farben ein Druck, der von außen, dem alltäglichen Leben, erfahren wird. Im Inneren dieses Menschen leuchtet ein klares Orange, was Lebensfreude, Flexibilität und Kraft zeigt. Es ist die Kraftquelle, aus der diese Persönlichkeit Veränderungen herbeiführen kann.

Die folgenden zwei Bilder lassen in den trüben Farben Blockaden im Emotionalkörper erkennen, ausgelöst durch totale Erschöpfung. Stress bewirkt extreme körperliche Anspannung, die auf alle Aurakörper Auswirkungen hat, jedoch besonders den Emotionalkörper trübt und schwächt.

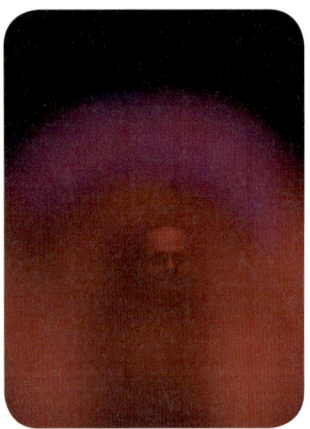 

In solch einer Lebenssituation ist es wichtig, erst einmal die Auslöser des Stresses zu erkennen, um diesen dann abbauen zu können. Zudem ist es hilfreich, parallel die Gefühle zu klären, um Verhaltensmuster zu erkennen. Dann wird es möglich, »Stolpersteine« zu sehen; die Blockaden können gelöst werden.

Beschreitet man diesen Weg, so wird nach und nach der Emotionalkörper gereinigt. Wer sich seiner Verantwortung für sein Leben bewusst ist, kann selbstbestimmt leben.

Je reiner der Emotionalkörper ist, desto höher ist seine Schwingung. Steigert sich die Schwingung des Emotionalkörpers, klärt und erhöht sich auch die Wahrnehmungsfähigkeit. Mit der Zeit entwickeln sich die ganzheitliche Wahrnehmung, die Intuition, die innere Führung und dadurch der Kontakt zum Höheren Selbst. Durch das Urvertrauen in die göttliche Führung ist eine Basis für den Lebensfluss in Leichtigkeit geschaffen. Werden diese Qualitäten bewusst gelebt, kehren Stabilität, Freude und Glück in das Leben ein. Die Gelassenheit bekommt ein Fundament und wird ein Teil der Persönlichkeit, auch in schwierigen Phasen. Stabilität heißt in diesem Sinne Urvertrauen, gleichzeitig Hingabe und Inspiration. Ist die Basis stabil, erwacht die Abenteuerlust, Veränderungen werden angstfrei gelebt.

Die Energiezentren des unteren Chakrenbereiches – Basis-, Sakral- und Solarplexuschakra – spiegeln sich stark im Emotionalkörper wider. Werden diese Energiezentren durch Aufarbeitung von Belastungen gereinigt, findet die Integration von Emotionen statt. Gleichzeitig erhöht sich dadurch die Schwingungsfrequenz des zentral gelegenen Herzzentrums, das ebenfalls eng mit dem Emotionalkörper verbunden ist. Ein geklärter Emotionalkörper hilft, mit Kraft, Mut und Inspiration einen individuell gestalteten Lebensweg zu gehen und die eigene Lebensbestimmung zu erkennen und diese aktiv zu manifestieren.

« Die Farben Türkis, Lavendel und Blau im Emotionalkörper zeigen viel Sensibilität und Herzlichkeit, die gelebt wird (rechte Bildhälfte). Die lichten Pastellfarben zeigen Lebensfreude und Kreativität. Links deutet das dunkle Violett auf eine alte, belastende Erfahrung hin, die ab und an als Schwere empfunden, aber nicht gezeigt wird.

« Das Sonnengelb im Emotionalkörper weist auf eine humorvolle, strahlende Persönlichkeit hin, die spontan ihre Gefühle lebt. Das Rot auf der linken Seite des Emotionalkörpers lässt ihr inneres Feuer erkennen, das sie versucht, unter Kontrolle zu behalten. Diese überwiegend klaren Feuerfarben zeigen einen starken, intuitiven Menschen, der das Leben genießt.

Emotionalkörper und Beziehungen

Ein weiterer ganz entscheidender (Seins-)Aspekt des Emotionalkörpers ist die Beziehungsfähigkeit. Da im Emotionalkörper und im Zellsystem unseres physischen Körpers alle Erfahrungen über Raum und Zeit hinweg gespeichert sind, schöpfen wir auch bezüglich unserer Beziehungsfähigkeit aus allen bisher erlernten Mustern.

Wir bringen als Neugeborene einen Fundus an Emotionen mit, hinzu kommen die aktuellen Erfahrungen, die wird ab der ersten Stunde der Inkarnation machen. So werden wir in jeder Inkarnation jeweils von unseren irdischen Eltern, den Lebensumständen und den Gesellschaftseinflüssen geprägt.

Legen wir die Reinkarnationstheorie der östlichen Kulturen unserem Lebenskreislauf zugrunde, lässt sich nachvollziehen, warum sich der ein oder andere in seiner Familie nicht zu Hause fühlt, obwohl die Eltern und das Umfeld mit dem Kind in Liebe verbunden sind. Das Gefühl von Heimatlosigkeit rührt von der Sehnsucht nach dem »eigentlichen« Zuhause her. Es ist die göttliche Quelle, aus der alles Leben entsprungen ist, um in den persönlichen Entwicklungs- oder Lebenskreislauf einzutauchen. Häufig macht es Eltern und Kinder ratlos, wenn sie um diese Zusammenhänge nicht wissen.

Auf den folgenden Fotos sieht man Persönlichkeiten, die eine starke emotionale Verbindung zu ihrer kosmischen Heimat spüren.

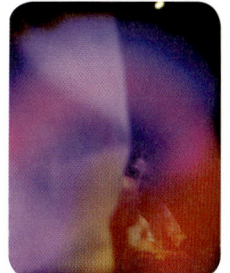   

Sternensaat   Indigos   Kristallkind

Im Zusammenleben mit anderen Menschen ergeben sich immer wieder Konstellationen, in denen wir aufgefordert sind, uns die eigene Interaktion und Kommunikation bewusst zu machen.

Ein verbreitetes Reaktionsmuster von uns Menschen in Konfliktsituationen ist, die Verantwortung oder gar die Schuld für ein negativ erlebtes Gefühl im Außen zu suchen. Lernt man, die eigenen Gefühle zu beobachten, eröffnet sich der Weg, seine emotionalen Muster zu erkennen und damit die Verantwortung für das eigene Handeln zu übernehmen.

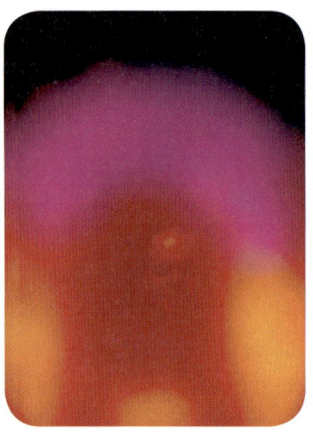

« Das Rot im Emotionalkörper offenbart Wut.

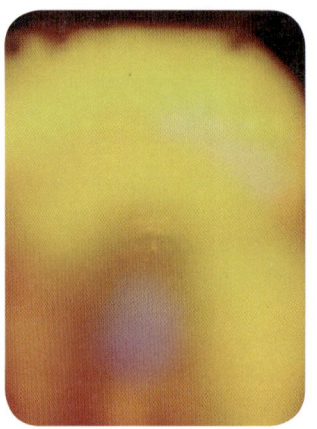

« Orange und Orangebraun lassen Zweifel und Unsicherheit erkennen.

Wird die Kommunikation in einer Beziehung, egal ob beruflicher oder privater Art, von Wertschätzung, Achtung und Liebe getragen, werden positive Emotionen, also positive Energien ausgesandt. Alles besteht bekanntermaßen aus Energie und Schwingung, und da der Mensch ein Resonanzkörper ist und entsprechende Schwingungen wie ein Magnet anzieht, wird Liebe empfangen, wenn diese ausgesandt wird.

Die folgenden vier Bilder zeigen in unterschiedlichen Farben liebevolle, herzliche Menschen. Das Herzzentrum, jeweils in der Bildmitte als Kugel zu erkennen, ist eng mit dem Emotionalkörper verbunden.

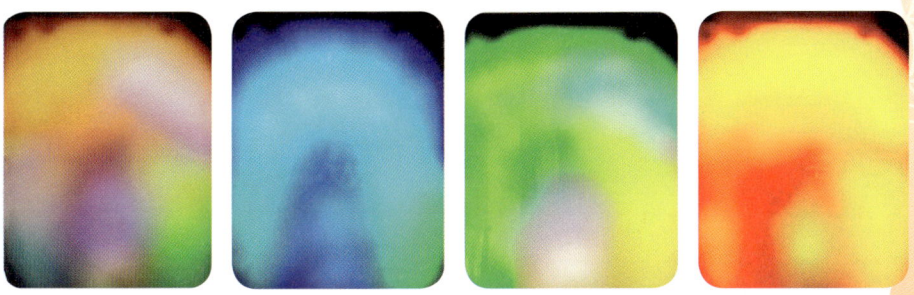

Des Weiteren sind die Anlagen für Selbstliebe und Beziehungsfähigkeit im Emotionalkörper gespeichert. Die Selbstliebe ist Grundlage für eine harmonische Partnerschaft. Erst wenn man sich selbst mit seinen positiven und negativen Eigenschaften annimmt, kann man lernen, in Beziehungen Toleranz zu leben. Sobald man sich bewusst wird, dass über den Partner eigene Emotionen und Eigenschaften gespiegelt werden, wird es möglich, achtsam und humorvoll miteinander umzugehen. Liebe und Achtsamkeit bilden das stabile Fundament für eine harmonische Partnerschaft.

Diese Aufnahmen bilden die Aura von sehr emotionalen Menschen mit viel Feuerenergie ab. Ihre Kraft, ihr Humor und ihre Lebensfreude können anstecken auf andere wirken.

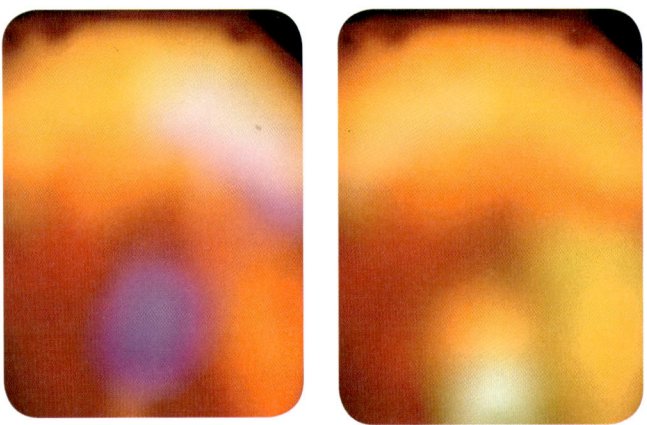

Folgende Fotos lassen sehr emotionale, sensible Menschen erkennen, die eher in sich gekehrt leben. Sie wirken auf andere ausgleichend und beruhigend (Blau, Grün, Lavendel).

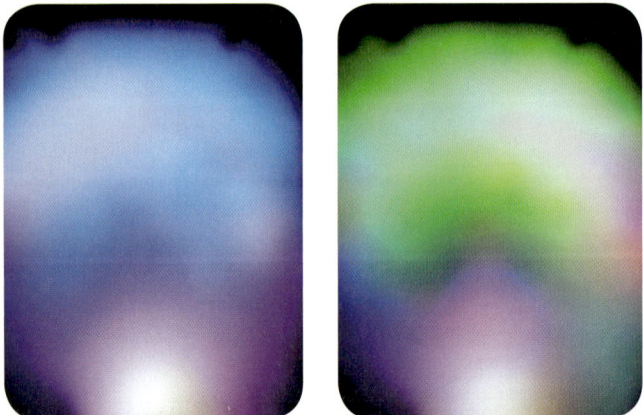

Nach dem Gesetz der Resonanz findet man einen liebevollen Partner im Außen, wenn man gelernt hat, sich selbst zu lieben. Häufig haben sich Seelen in früheren Leben bereits geliebt. Verlieben sie sich erneut, kann oft ein Gefühl der Vertrautheit wahrgenommen werden, das aus den früheren Verbindungen herrührt. Gleichklang in den Interessen, der Sichtweise auf Lebensthemen, die gegenseitige Ergänzung in der Andersartigkeit, Vertrauen und Liebe schaffen die Basis für eine stabile Beziehung.

Kommt es in einer Partnerschaft einmal zum Konflikt, ist es wichtig, sich die eigenen Anteile bewusst zu machen, die in diese Situation geführt haben. Eine Verletzung, Ärger oder Wut können nur dann gespürt werden, wenn durch die aktuellen Umstände eine Rückverbindung zu einer ähnlich empfundenen Belastung stattfindet. Wir gehen in Resonanz zu einem nicht verarbeiteten Gefühl. Wird man sich der Ursache für die Reaktion bzw. die Verletzung bewusst, ist es möglich, die negativ erlebte Emotion zu klären.

Jedes Gefühl braucht Raum und Ausdruck; jedes unterdrückte oder ignorierte Gefühl führt zu Blockaden im Emotionalkörper. Entwickelt man für sich situationsangepasste Möglichkeiten, den Gefühlsaffekt angemessen auszuleben, entsteht kein Gefühlsstau. So ist es z. B. notwendig, die empfundene Wut auch herauszulassen, denn schluckt man sie herunter, macht sie auf Dauer krank.

Anregungen zum Abwerfen von emotionalem Ballast finden Sie im Übungskatalog (S. 156 ff.).

Der Friede auf Erden beginnt in der Familie und in der Partnerschaft.

Auf diesen beiden Bilder ist die gleiche Person in unterschiedlichen Lebensphasen zu sehen. Die Farbenspiele bei beiden Fotos stehen für ausgeprägte Sensibilität, eine ebensolche Intuition und für großes Mitgefühl für andere.

« Hier ist der Emotionalkörper deutlich in der dunkelblauen (links und über dem Kopf) und violetten Wolke (rechts) sichtbar. Die getrübten Farben zeigen Traurigkeit und Schwere im Emotionalkörper.

« Nach etwa zwei Wochen konnten die belastenden Gefühle gelöst werden. Der Emotionalkörper strahlt in hellem Rosa und Lavendel. Die kleinen dunkelvioletten Anteile zeigen noch einen Rest der Belastung, die aus der fernen Vergangenheit herrührt.

« Hier erscheint der Emotionalkörper auf beiden Seiten des Fotos überwiegend in Dunkelrot, was auf extremen inneren und äußeren Druck zurückzuführen ist. Das Orange rechts zeigt innere Kraft.

« Innerhalb eines halben Jahres hat dieser Proband gelernt, seine Gefühle mehr zuzulassen und sie auch zu äußern. Durch Sport hat er seinen inneren Druck verringert. Die Belastungen durch das alltägliche Leben sind anhand des roten Feldes (linke Seite) noch zu erkennen. Im Inneren seines Emotionalkörpers zeigt das Gelb seine Lebensfreude.

« Hier ist der Emotionalkörper rechts in Orange und links überwiegend in etwas getrübtem Gelb sichtbar. Beide Farbvarianten zeigen, dass Gefühle zum Ausdruck gebracht werden. Die Eintrübung der Farben deutet auf negative Gefühle hin, denen jedoch mit Lebensfreude (Gelb) und Kreativität (Orange) begegnet wird.

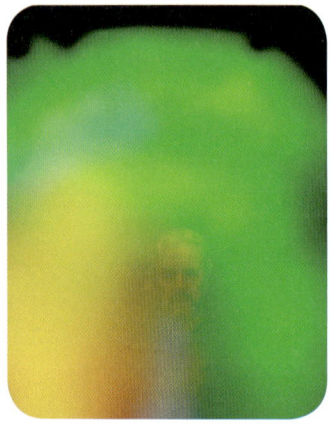

« Rechts im Bild spiegelt der Emotional-körper im Grün Gelassenheit und innere Ruhe. Die linke Seite zeigt den Emotio-nalkörper in Gelb, das die Lebensfreude und Klarheit dieses Menschen erkennen lässt. Über dem Kopf mischen sich das Grün und das Gelb – ein Hinweis, dass die Intuition und die Gefühle mit der Verstan-desebene harmonisch korrespondieren.

Der Emotionalkörper ist der feinstoffliche Körper, der für sehr viele ver-schiedene Bereiche unserer Persönlichkeit und für die Prägung unseres Charakters zuständig ist.

Fassen wir noch einmal kurz zusammen, welche Aspekte den Emotio-nalkörper prägen und durch ihn gelebt werden:

» rechte Gehirnhälfte/ganzheitlich erfassend
» Intuition/Bauchgefühl
» Spontanität
» Kreativität, Inspiration
» der weibliche, musische Bereich
» Gefühle
» Harmonie empfinden und schaffen

Folgende Aspekte beeinflussen die Energie des Emotionalkörpers:

» Erfahrungen, Erlebnisse und Begegnungen aus der Vergangenheit; frühere Inkarnationen
» Spiegelung der Emotionen von Mitmenschen, Familienmitgliedern, Partnern
» eigene Aufgabenstellung vor der Inkarnierung (Was will ich in meinem aktuellen Leben lernen?)

Der Mentalkörper und seine Reinigung und Klärung

Der Mentalkörper umschließt sowohl den Emotional- als auch den Ätherkörper, und alle drei durchdringen einander.

Es ist der feinstoffliche Körper, in dem alles Wissen, alle Gedanken, alle Glaubenssätze und Überzeugungen gespeichert sind, die wir im aktuellen Leben sowie in allen früheren Inkarnationen gesammelt haben. Der Mentalkörper ist vom Intellekt und vom Ego des Menschen geprägt, er wird auch als Geistebene bezeichnet, die mit der allumfassenden göttlichen (Wissens-)Quelle in Verbindung steht.

Die Elemente des Geistes sind Äther und Luft. Alle anderen Elemente sind ebenfalls in unserem Geist enthalten:

» Die Emotionen entsprechen dem Wasser.
» Die Wahrnehmung und das Verständnis entsprechen dem Feuer.
» Das Gedächtnis entspricht der Erde.

Aus Sicht vedischer Philosophen, die das Wesen unseres Energiesystems über Jahrhunderte erforscht haben, teilt sich das Bewusstsein in drei Bereiche auf:

» Unterbewusstsein – Instinkt
» Bewusstsein – Vernunft
» Überbewusstsein – Intuition

Im Unterbewusstsein liegen alle Informationen, die wir in verschiedenen Leben gesammelt haben. Alle diese Informationen waren daran beteiligt, unser Ego und unseren Verstand im Laufe der Zeit zu formen. Es ist der Sitz aller Wünsche, allen Begehrens und aller Leidenschaften.

Die Aufgabe des Intellektes ist es, das Unterbewusstsein zu kontrollieren und niedere oder animalische Instinkte zu überwinden, wodurch sich die Schwingungsfrequenz des gesamten Auraköpers erhöht.

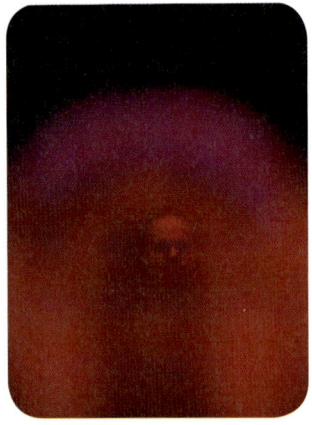

« Der dunkelrote Mentalkörper verweist auf starke unbewusste Anteile. Diese Farbe lässt erkennen, dass momentan überwiegend im Affekt gehandelt wird.

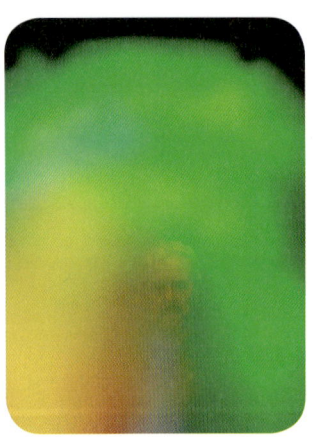

« Bei diesem Foto teilt sich der Mentalkörper in Gelb und Grün auf. Über dem Kopf vermischen sich die beiden Farben. Dieser Mensch lebt einerseits stark verstandbetont (Gelb), andererseits nutzt er seine starke Intuition (Grün). Beide Wirkungsbereiche des Mentalkörpers korrespondieren miteinander.

Der Intellekt arbeitet in verschiedenen Wirkungsbereichen:

Ratio – einfaches Denken, Wahrnehmung, Gefühle

Dieser Wirkungsbereich arbeitet mit Bildern, Worten und Gefühlen. Hier finden das Wahrnehmen und das einfache (unbewusste) Denken statt, die von Gefühlen durchsetzt sind und beeinflusst werden. Hier werden die durch die Sinne wahrgenommenen Informationen in Bilder, Klänge, Gerüche etc. umgewandelt. Die Sinneswahrnehmung wird mit dem im

Unterbewusstsein Gespeicherten verglichen und an die Ebene der Vernunft zur Beurteilung weitergeleitet.

« Der überwiegend gelbe Mentalkörper lässt die starke Ausprägung der rationalen Ebene erkennen. Die orangen und roten Anteile zeigen die Gefühle, die diesen Bereich beeinflussen.

Intelligenz, Vernunft, Wille

In diesem Bereich zeigt sich die Verbindung von Intellekt und Intuition. Er hat die Aufgabe, die erhaltenen Informationen zu unterscheiden, zu beurteilen und Entscheidungen zu treffen. Je stärker die Intuition mit dem Intellekt verbunden ist, desto leichter fällt es dem Menschen, die richtigen Entscheidungen zu treffen. Durch die Achtung der intuitiven Wahrnehmung wird es möglich, der Lebensaufgabe zu folgen.

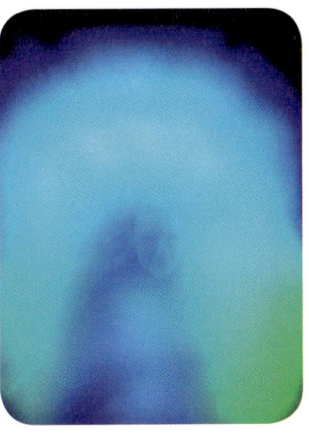

« Der türkis-blau-grüne Mentalkörper zeigt die Verbindung einer starken Intuition mit der Verstandesebene. Hier handelt es sich um eine sehr emotionale, dabei aber auch ausgeglichene Persönlichkeit.

Ego

Mithilfe des Egos identifizieren wir uns mit unseren Wahrnehmungen und unserem Körper, der als Instrument für das Wahrnehmen dient. Das Ego ist ein wichtiger Aspekt unserer Persönlichkeit, der dafür sorgt, dass wir unsere Individualität als Mensch erleben und nach außen hin zeigen können. Es ist für den Menschen eine wichtige Motivationsquelle für die Entwicklung in jeglicher Hinsicht.

Die Aspekte des Egos, die es zu transformieren gilt, sind Egoismus, Selbstsucht, Profit- und Machtgier etc., weil sie der Entwicklung des Einzelnen und unserer Gesellschaft schaden.

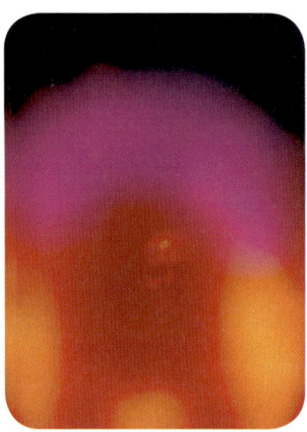 « Das dunkle Rot im Mentalkörper weist darauf hin, dass aufgrund des inneren Drucks egoistische Züge das Leben bestimmen. Das Magenta über dem Kopf dokumentiert eine ausgeprägte Intuition, zu der jedoch momentan die Verbindung durch das Dunkelrot (Egoismus) gestört ist. Die orangen Anteile im Mentalkörper, die an den Seiten zu sehen sind, zeigen emotionale Belastungen.

Höheres Selbst

Hier befindet sich die Ebene der inneren Stimme und der Intuition. Wird der inneren Stimme Beachtung geschenkt, kann sich die Intuition entwickeln. Werden diese Aspekte integriert, sind sie wichtige Teile unserer Persönlichkeit.

« Orange, Gelb und Nuancen von Grün bestimmen den Mentalkörper auf diesem Foto. Das Farbenspiel zeigt eine Persönlichkeit, die einen klaren Verstand nutzt (Gelb) und auf die Intuition (Orange) achtet. Die Verbindung zum Höheren Selbst ist sehr schön anhand des grünen Kanals über dem Kopfbereich zu erkennen.

Die unteren Bilder weisen unterschiedliche Farbkombinationen auf, doch in ihrem individuellen Farbenspiel des Mentalkörpers zeigen sie alle eine Ausgewogenheit in seinen verschiedenen Wirkungsbereichen.

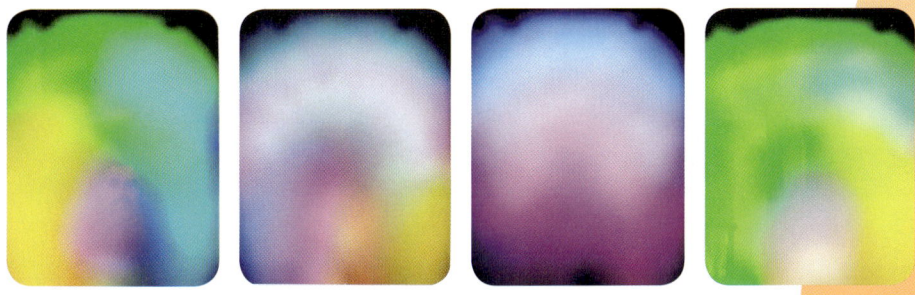

Die Farben Blau, Türkis, Violett, Lavendel, Orange und Grün weisen auf Aurafotos auf eine starke Intuition hin, die mit dem Verstand korrespondiert.

Der Intuition zu folgen stellt oft eine Herausforderung dar, da diese von egoistischen (Wunsch-)Gedanken überlagert sein kann. Jeder Mensch hat eine innere Stimme, sie ist der erste Impuls, den wir verspüren bei allem, was wir erleben oder tun. Manche Menschen nennen sie auch Bauchgefühl.

Ein Weg, die Wahrnehmung der inneren Stimme zu trainieren ist:
» den Gedankenkreislauf anhalten,
» zum ersten Impuls zurückkehren,
» bewusst in die Situation hineinspüren (Welche Information bekomme ich über mein Fühlen?),
» der Intuition vertrauen,
» die Intuition in das Handeln einbeziehen.

Wir leben in einer Gesellschaft, die stark intellektuell geprägt ist. Diese Strukturen lassen wenig Raum für Emotionen, was dazu führt, dass sich die linke Gehirnhälfte stärker entwickelt. Auch in Schulen wird nur bedingt darauf Wert gelegt, die musische Seite (rechte Gehirnhälfte) der Kinder zu fördern.

In der psychologischen Forschung hat man sich in den letzten Jahren dieses Phänomens angenommen und bestätigt, wie wichtig es ist, auch die intuitive, kreative Seite in die Lebensplanung, in alle Handlungen und Entscheidungen mit einzubeziehen. Es wurde der Begriff »emotionale Intelligenz« geprägt, die idealerweise mit der intellektuellen Intelligenz verknüpft ist. Nur dann ist ein Mensch in der Lage, sein Potenzial vollkommen auszuschöpfen.

« Das Farbenspiel von Grün und Gelb auf diesem Bild offenbart einen ausgeprägten Intellekt. Das Rot trübt den Zugang zur Intuition (Magenta).

« Die Farbmischung auf diesem Bild zeigt, dass sich die Person im Transformationsprozess befindet. Es besteht eine gute Verbindung sowohl zur emotionalen (Blau, Türkis) als auch zur rationalen Ebene (Gelb).

Die Farbtrübungen auf beiden oberen Fotos lassen auf innere Prozesse schließen, die auch auf den Mentalkörper Auswirkungen haben.

Folgende Fotos veranschaulichen in der Farbkombination die Verknüpfung der emotionalen mit der intellektuellen Ebene und die Verbindung mit dem Höheren Selbst, welches sich jeweils anhand des hellen Strahlenbogens im oberen Bildteil präsentiert.

Aufgrund meiner Beratungstätigkeit kann ich eine rasante Zunahme von Erschöpfungs- und Überforderungssymptomen bei sehr vielen Menschen beobachten. Symptome für Burn-out werden immer häufiger diagnostiziert, wobei alle Generationen betroffen sind. Je sensibler ein Mensch ist, je größer die Herausforderungen des Alltags an ihn sind, desto größer ist die Gefahr der Überforderung.

Sobald es nicht mehr gelingt, abzuschalten und zu entspannen, beginnt ein gefährlicher Kreislauf; der Geist findet keine Ruhe, man dreht sich auch gedanklich im Kreis. Der Weg in die Stressspirale beginnt. Je mehr der Stress zur Gewohnheit wird, desto schwieriger ist es, aus diesem Kreislauf herauszufinden.

Diese dunklen Fotos verweisen auf starke Erschöpfungszustände durch Stress und Reizüberflutung.

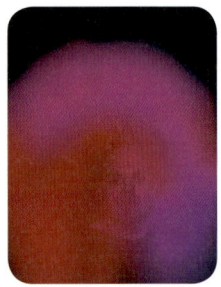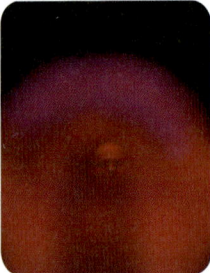

Für betroffene Menschen ist es wichtig, wieder entspannen zu können. Die Übungsprogramme des Yoga, Tai-Chi oder Qigong bieten verschiedene Möglichkeiten, Stress abzubauen und sich zu zentrieren. Bestimmte Bewegungsabläufe werden mit bewusster Atmung kombiniert; diese Übungsabläufe helfen zu entspannen. Durch diese ganzheitlichen Techniken gelingt es, den Gedankenfluss zu bremsen oder zu stoppen. Bei regelmäßiger Praxis kann Stress langfristig abgebaut werden. Ergänzend können Übungen zur Entwicklung des positiven Denkens mithilfe von Affirmationen unterstützen, destruktive Gedanken zu transformieren. Auch Worte sind Energie und wirken über die Kommunikation auf unseren Mentalkörper.

Aurafotos, die im Abstand von sechs Monaten aufgenommen wurden: Mithilfe von Sport konnte die Person Stress
abbauen, was angstvolle, negative Gedanken gemindert hat.
Mit positiven Affirmationen konnte der Mentalkörper geklärt
werden, was zu einer deutlichen Aufhellung der Aura führte und
einer Verbesserung des Allgemeinbefindens.

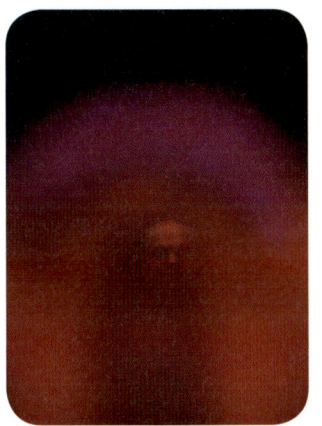 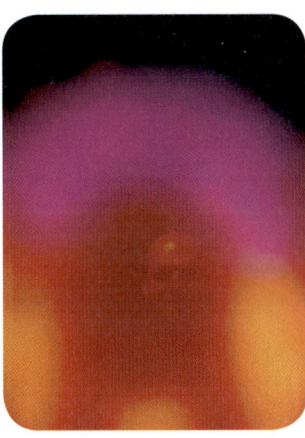

Schon Einstein sagte:

»Die Materie
ist geronnener
Geist.«

Die folgenden Aurafotos wurden im Abstand von vier Wochen gemacht: Durch ihre ausgeprägte Sensibilität und ein hohes Arbeitsaufkommen gerät diese Persönlichkeit immer wieder in extreme Erschöpfungszustände. Sie zieht sich dann zurück, praktiziert Yoga und meditiert. Diese Maßnahmen helfen, die Aura zu durchlichten und den Mentalkörper zu reinigen bzw. die Schwingung zu erhöhen (Weiß, Rosa, Magenta).

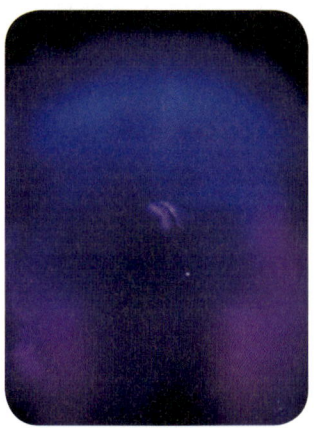 

Forscher haben nachgewiesen, dass der Mensch durchschnittlich 60 000 Gedanken pro Tag im Kopf bewegt. Davon sind mehr als 70 Prozent unbedeutend und flüchtig, etwa 25 Prozent der Gedanken sind destruktiv, und nur ca. drei Prozent sind aufbauend und hilfreich.

Eine zeitweilige »Gedankenstille« ermöglicht dem Geist Erholung. Nachweislich erweitert sich durch regelmäßige Stilleübungen oder Meditation das vordere Gehirnzentrum, über das unser kreatives Denken und unser spontanes Handeln gesteuert werden. Hier sind u. a. die Neugierde und die Abenteuerlust angesiedelt, die für eine erfüllende Lebensgestaltung benötigt werden. Bei regelmäßig praktizierter Meditation wie auch beim Sport werden Glückshormone (Endorphine) ausgeschüttet, was das allgemeine Wohlbefinden sowie das positive Denken stärkt. Zudem können das Erinnerungsvermögen, die Konzentrationsfähigkeit und die Willenskraft verbessert werden. Aus meinen Beratungen weiß ich, dass es Menschen gibt, die sich nicht in der Lage fühlen zu meditieren, aber trotzdem in dieser Hinsicht etwas für sich tun wollen. Sie finden hierzu entsprechende Anregungen im Übungskatalog (S. 156 ff.).

Achte auf deine Gedanken,
denn sie werden Worte.

Achte auf deine Worte,
denn sie werden Handlungen.

Achte auf deine Handlungen,
denn sie werden Gewohnheiten.

Achte auf deine Gewohnheiten,
denn sie werden dein Charakter.

Achte auf deinen Charakter,
denn er wird dein Schicksal.

Aus dem Talmud

Der Kausalkörper

Dieser feinstoffliche Körper weist von allen Auraebenen die höchste Schwingungsfrequenz auf. Der Kausal- oder spirituelle Körper bildet die äußerste Auraschicht, durchdringt jedoch die unteren Energiekörper.

Der Kausalkörper ist das Gefäß für die unsterblichen Anteile des Menschen. Beim Tod des Individuum nimmt er sämtliche Informationen aus dem grob- und allen feinstofflichen Körpern auf. Er dient somit als Speicher für alle Erfahrungen und das gesamte erworbene Wissen. Der Äther-, der Emotional- und der Mentalkörper lösen sich nach dem Tod auf. Bei der nächsten Inkarnierung fließen die im Kausalkörper gespeicherten Informationen in die jeweiligen Energiekörper und in den physischen Körper ein. Damit wird der Mensch in seine Aufgaben, seine Entwicklung, eingeführt.

Auf jeder Aurafotografie ist der Kausalkörper im oberen Bildbogen zu erkennen. Je nach Persönlichkeit zeigt er sich in unterschiedlichen Farbfrequenzen.

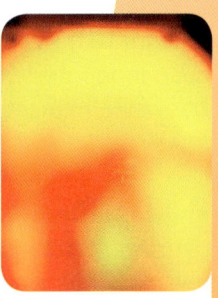

| Gelbgrün, Grün, Türkis | Hellblau | Indigoblau, Rosa, Hellblau | Rot, Goldgelb |

Der Kausalkörper ist bei den meisten Menschen noch nicht ganz entwickelt, da hier die Entwicklung der spirituellen Reife gespiegelt wird.

| Magenta | Goldgelb, Rosa | Indigo, Blau | Grün, Rosa, Türkis |

Er ist der Energiekörper, der mithilfe des Herzchakras, des kosmischen Tores, des Dritten Auges, des Kronenchakras und des Seelensterns die Verbindung zwischen Erde und Himmel knüpft. Über diese Seins- und Wahrnehmungsebenen sind wir mit unserer Seelenfamilie, der Monade, verbunden. Je klarer und stärker der Kausalkörper entwickelt ist, desto reiner ist die Verbindung zur göttlichen Quelle, der Heimstätte der Schöpferkraft. Wenn diese Verbindung geschaffen ist, ist es möglich, alle Informationen und sämtliches Wissen aus der wahren Quelle zu erhalten, da man das eigentliche Wesen des Lebens und aller Dinge erkannt hat. Der Blick ist nicht mehr vorrangig von außen, dem Alltag, nach innen gerichtet, sondern es wird von innen nach außen gelebt. Das heißt, man lebt im Einklang mit den kosmischen Gesetzten, handelt aus Selbstlosigkeit zum Wohle aller Wesen.

Im Kausalkörper können nur positiven Eigenschaften gespeichert werden. Der Mangel an Tugenden spiegelt sich nur in den niederen Auraebenen, wo er sich dem Menschen in seinen Lebensaufgaben zeigt. Sobald sich das Ego entscheidet, die negativen Eigenschaften zu überwinden, können die Programmierungen gelöscht werden. Durch das Entwickeln von positiven Eigenschaften werden für alle zukünftigen Leben die wesentlichen Charaktermerkmale des Menschen geprägt.

Ehrgeiz, Stolz und intellektuelle Fähigkeiten, die für selbstsüchtige Zwecke eingesetzt werden, blockieren die Entwicklung des Kausalkörpers. Positives, das einmal im Kausalkörper gespeichert ist, geht niemals verloren. Bei einem entwickelten Menschen dehnt sich der Kausalkörper aus. Über den Kausalkörper und das Kronenchakra nehmen wir mithilfe des Höheren Selbst Kontakt zur geistigen Welt und der göttlichen Ebene auf.

« Die hellen Farben im oberen Bildbereich lassen erkennen, dass diese Person ihr Leben im Vertrauen auf die göttliche Führung ausgerichtet hat. Sie ist sich der Wirkung ihres Denkens und Handelns stets bewusst und folgt somit ihrer Lebensaufgabe.

Wunderbarerweise gibt es aufgestiegene Meisterinnen und Meister, Engel und Kräfte der geistigen Welt, die es sich zur Aufgabe gemacht haben, uns Menschen in unserer spirituellen Entwicklung zu unterstützen. Jederzeit dürfen wir um ihre Begleitung und Hilfe bitten, sie sind eine wertvolle Bereicherung.

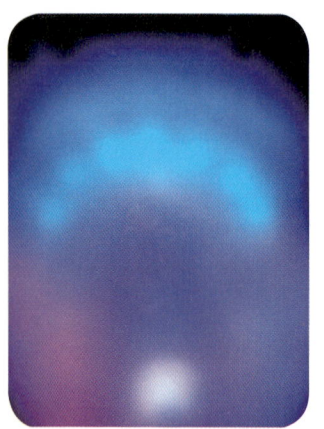

« Dieses Farbenspiel der blauen, türkisen und violetten Farbnuancen zeigt eine Persönlichkeit, die ihre Spiritualität bewusst lebt. Im türkisen Farbbereich des Mentalkörpers erkennt man die offenen Kanäle zum Höheren Selbst und die bewusste Verbindung zur geistigen Führung. Es handelt sich um eine sehr sensible Person, die über eine ganzheitliche Wahrnehmungsfähigkeit verfügt.

« Im Magenta des Kausalkörpers sind helle, fast weiße Felder erkennbar. Diese Persönlichkeit hat eine gute Verbindung zur geistigen Welt, ist jedoch sehr mit den Anforderungen des Alltags (Rot) beschäftigt. Der daraus resultierende Druck (Rot) strahlt in den Mentalkörper und beeinträchtigt dadurch die Verbindung zum Kausalkörper. Gelingt es diesem Menschen, den Stress abzubauen, kann er eine dauerhafte Verbindung zu seiner geistigen Führung aufbauen.

Unsere Chakren

– die Energiezentren des Menschen

Das klassische Chakrensystem

Die Chakren sind unsere Energiezentren, die den physischen Körper mit den feinstofflichen Körpern verbinden. Es gibt sieben Hauptchakren, die sich im Ätherkörper, der physischen Aura, befinden. Über Nadis, die Energiekanäle, werden der physische, der Emotional-, der Mental- und der Kausalkörper mit Energie aus dem Kosmos versorgt. Im physischen Körper wird die Lebensenergie zur Unterstützung von sämtlichen Körperfunktionen, so auch der Funktion der Organe, genutzt. Gleichermaßen fließt das Prana zur Stärkung in die feinstofflichen Körper. Prana ist kosmische (göttliche) Energie, sie wird auch als Lebensodem bezeichnet. Es ist die kosmische Energie, die den physischen und alle feinstofflichen Körper durchdringt. Ist der Pranafluss stabil, hat das enorme positive Auswirkungen auf die Entwicklung in allen Lebensbereichen.

Das menschliche Körpersystem verfügt über 14 Hauptnadis (ähnlich dem Prinzip der Meridiane aus der Traditionellen Chinesischen Medizin), die sich den Überlieferungen aus Tibet zufolge in 72 000–350 000 Nadis verzweigen. Sie versorgen die sieben Hauptchakren und alle Nebenchakren mit Prana. Es ist wichtig, die Energie in Fluss zu halten, damit keine Energiestaus oder Blockaden entstehen.

Verbunden sind die trichterförmigen Chakren mit zwei astralen Energiekanälen, die durch den Ätherkörper fließen. Rechts entlang der Wirbelsäule verläuft Pingala; dieser Energiekanal versorgt die linke Gehirnhälfte. Pingala, Träger der männlichen Sonnenenergie, ist analysierend, aktiv und nach außen gerichtet. Ida verläuft links der Wirbelsäule und ist Träger der weiblichen Mondenergie, die passiv, aufnehmend und gefühlsbetont ist. Ida versorgt die rechte Gehirnhälfte. In der Mitte der Wirbelsäule, zwischen Ida und Pingala, verläuft die Sushumna. Solange der Mensch allein aus der Kraft von Ida und Pingala heraus lebt, ist er an die Materie des irdischen Lebens gebunden. Wenn die Kundalini (aufgerollte Schlangenkraft oder die schöpferische Kraft des Menschen) erweckt worden ist, schießt sie durch die Sushumna vom ersten Chakra, dem Wurzelchakra, ausgehend nach oben bis zum Kronenchakra (Schädelöffnung, Fontanelle).

Sobald die Sushumna aktiviert worden ist, überschreitet der Mensch Raum und Zeit. Sie ist das wichtigste Nadi, welches beim Yoga gereinigt und aktiviert wird.

Alle Chakren und die Sushumna entsprechen im physischen Körper den einzelnen Nervengeflechten, den Hormondrüsen und der Wirbelsäule.

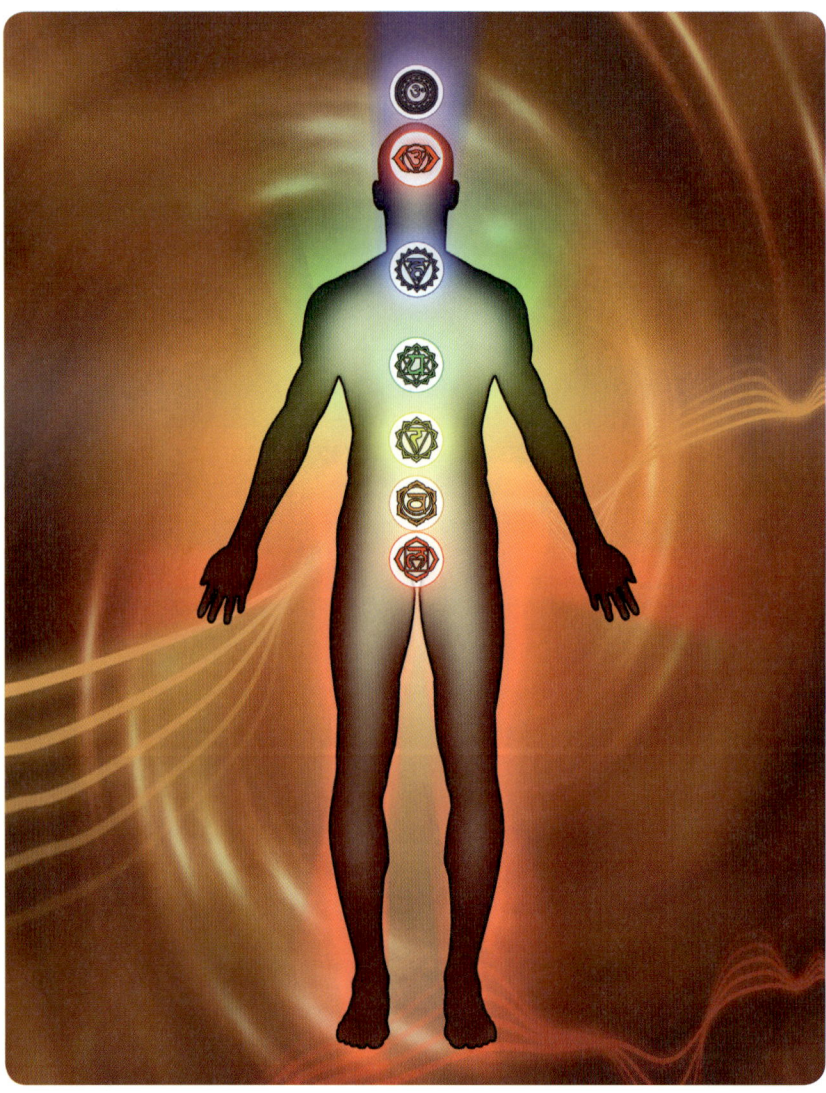

Da es schon hinreichend Literatur zu den sieben Hauptchakren gibt, werde ich mich bei den Erläuterungen über Funktionen und Aufgaben entsprechend kurzfassen. Im Anhang finden Sie Literaturhinweise zu diesem Thema.

In der Aurafotografie stellen sich die einzelnen Chakren persönlichkeitsabhängig in verschiedenen Farben dar. Sie erscheinen auf den Fotos meist nicht in den klassisch vorgegebenen Farben der vedischen Lehre, welche Idealzuständen entsprechen, in die wir uns hineinentwickeln können.

Die vorherrschenden Farben einer Aufnahme geben Hinweise auf die Charaktermerkmale und die Themen der Persönlichkeit. Diese individuellen Themen beeinflussen die Dynamik der Chakren. Im Laufe der Persönlichkeitsentwicklung kommt es zu Veränderungen der Schwingungsfrequenzen und somit auch der Aurafarben.

Wurzelchakra

Das erste Chakra, welches am zweiten Wirbel der Steißbeinregion sitzt, ist die Basis unserer Energiezentren. Über das Wurzelchakra, auch Basischakra genannt, wird Energie aus der Erde aufgenommen, die dann in den Körper und die anderen Chakren fließt. Hier, im Basischakra, ruht die Kundalini-Energie. Ein stabiles Wurzelchakra kräftigt unseren Körper und führt uns vor allem in der Persönlichkeitsentwicklung voran.

Das Wurzelchakra ist oft als Halbkugel in der unteren Bildmitte zu erkennen bzw. zeigt sich im gesamten untersten Bildrand.

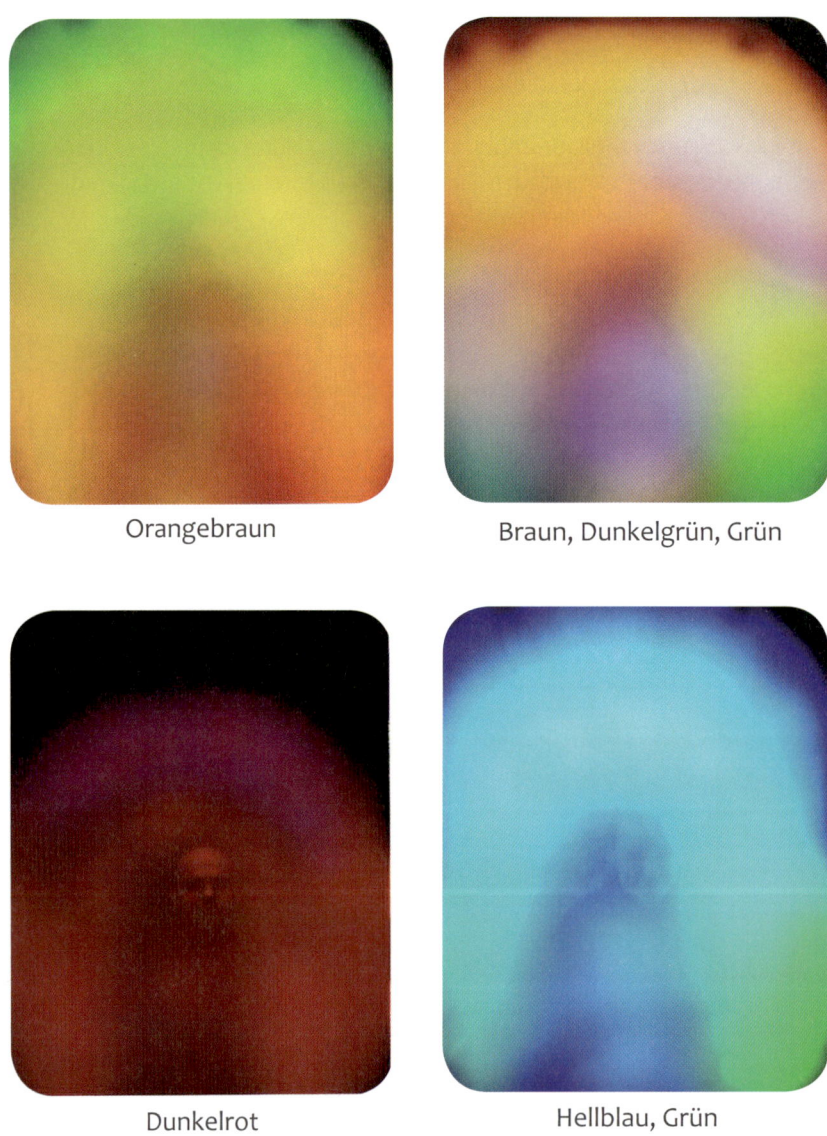

Orangebraun

Braun, Dunkelgrün, Grün

Dunkelrot

Hellblau, Grün

Kurzbeschreibung des Wurzelchakras

Farbe: Rot

Element: Erde

Charaktereigenschaften des Elements:
Ruhe, Ausdauer, Beständigkeit, Gleichgewicht, Realitätsbezug, Prinzipientreue, Sparsamkeit

Symboltiere:
Elefant, Ochse, Stier (Ausdauer, Neubeginn, Sicherheit und Fülle)

Entsprechungen in der Natur:
Morgen- und Abendrot, (rote) Erde

Zentrale Themen:
Erdung, Überleben, Mut, Kraft, Urvertrauen, Stabilität und materielle Sicherheit

Körperliche Einflussbereiche:
Dickdarm, Enddarm, Blut, Blutkreislauf, Knochen, Steißbein, Beine, Füße

Sinnesfunktion: Riechen

Drüsen:
Nebennieren (zuständig für die Ausschüttung von Adrenalin, dem Stresshormon)

Motivation:
Essen, Trinken, Schlafen, Selbsterfahrung

Positive Aspekte des Wurzelchakras

« Auf diesem Foto ist ein aktives Wurzelchakra als braunoranger Halbkreis im unteren Bildrand zu erkennen. Es handelt sich um einen energiegeladenen, aktiven Menschen, der kraftvoll und selbstbestimmt lebt. Er verfügt über ein gutes Durchsetzungsvermögen und ein stabiles Urvertrauen. Da er gut geerdet ist, kann er für seine materielle Sicherheit sorgen. Dieser Mensch hat einen gesunden Bezug zu seinem Körper und zu Mutter Erde. Er ist sich bewusst, dass sie ihm Heimat ist und ihm Nahrung gibt.

Die folgenden Bilder zeigen Menschen, deren Wurzelchakra unterschiedliche Farben aufweist. Sie alle verfügen über viel Kraft und eine gute Gesundheit. Sie sind voll Lebensmut, was notwendig ist, um mühelos für Fülle und Wohlstand im Leben sorgen zu können.

« Das Orangerot im Wurzelchakra dokumentiert ein großes Kraftpotenzial und gute Erdung.

« Hier ist das Wurzelchakra in Orange (links), Braungrün (Mitte) und Gelb (rechts) zu sehen. Dieses Farbenspiel lässt einen zielorientierten Menschen mit Durchsetzungsvermögen erkennen.

1 2 Beide Bilder zeigen sehr aktive Persönlichkeiten.

« Dunkelrot (links) und Orange (Mitte) im Wurzelchakra verweisen auf eine Person, die sehr aktiv ist, innerlich Unruhe empfindet, diese jedoch nach außen (Gelbgrün) nicht zeigt. Momentan ist die Erdung gut, wird der innere Druck jedoch zu groß, schwächt dies die Erdung.

« Die violetten Farbnuancen dieses Bildes zeigen das starke Wurzelchakra eines aktiven Menschen, der über viel Kraft und Gelassenheit verfügt. Werden die Anforderungen des Alltags zu groß, braucht diese Persönlichkeit Möglichkeiten, sich zurückzuziehen, um sich zu regenerieren.

Ein stabiles Wurzelchakra hilft auch, die familiären Verhältnisse in Balance zu halten, da sich eine Persönlichkeit, die über ein solches verfügt, durch Verlässlichkeit auszeichnet.

Negative Aspekte des Wurzelchakras

Unsere schnelllebige Zeit mit ihren vielen Anforderungen, Leistungsansprüchen und Reizüberflutungen schwächt das Wurzelchakra allgemein. Dies hat zur Folge, dass die Erdung nachlässt, es zu körperlicher und geistiger Erschöpfung kommt und damit die Eigenwahrnehmung leidet. Wird dieser Kreislauf nicht rechtzeitig unterbrochen, kann er in die Hyperaktivität, die Erschöpfung oder das Burn-out führen.

Folgende Fotos zeigen ein blockiertes Wurzelchakra, das durch große Erschöpfung/Burn-out entstanden ist.

« Dunkelrot weist häufig auf Hyperaktivität hin. Die Eigenwahrnehmung und das Körpergefühl sind vermindert, sodass es schwierig ist, etwas aus eigener Kraft zu verändern.

« Menschen mit dunkelvioletten Anteilen in der Aura neigen bei Erschöpfung zu Weltflucht, zu selbst gewählter Isolation. Das Bewusstsein, was man für sich zur Regeneration tun kann, ist im Violett vorhanden.

Blockaden im Wurzelchakra führen oft zu Schmerzen im unteren Rücken. Auf beiden Fotos ist die Veranlagung dazu zu erkennen.

Ein Mensch mit Burn-out ist nicht stabil oder geerdet. Der Körper leidet meist unter verschiedenen Symptomen; Existenzängste und Depressionen sind dann die Folge.

Anhand der dunklen Farben beider unterer Fotos lässt sich eine niedrige Schwingungsfrequenz des Wurzelchakras ausmachen. Dadurch leidet die Versorgung der übrigen Chakren – zu erkennen am dunklen Feld des Ätherkörpers.

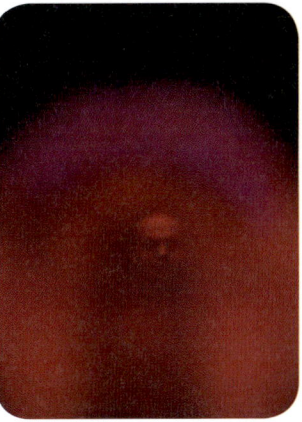

Menschen mit schwachem oder blockiertem Wurzelchakra verlieren den Bezug zu ihrem Körper und mit der Zeit auch zu einer gesunden Lebensführung. Durch Abbau von Stress können Signale des Körpers wieder wahrgenommen werden, was hilft, achtsam mit sich selbst umzugehen.

Bedeutung des Wurzelchakras für die Gesundheit

Das Wurzelchakra sorgt für eine gesunde Verdauung und Ausscheidung. Der gesamte Bewegungsapparat, die Knochen, die Zähne, der Rücken und die Wirbelsäule sind auf die Energieversorgung durch das Wurzelchakra angewiesen.

« Der braune Halbkreis verweist auf Probleme mit der Verdauung. Die Übersäuerung des Magen-Darm-Traktes zeigt sich im ersten bis dritten Chakra (Braun).

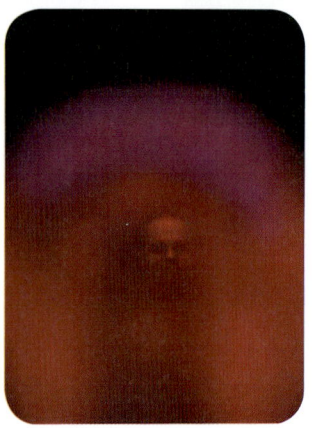

« Der dunkelrote Halbkreis dokumentiert die Anlage für Störungen im unteren Rücken mit Ausstrahlung in den oberen Rücken. Bei starker Belastung hat diese Person häufig Schmerzen.

Des Weiteren werden das Blut, die Blutbildung und der Blut-fluss von diesem Energiezentrum unterstützt. Menschen, welche leicht frieren und unter kalten Füßen und Händen leiden, haben häufig Probleme mit der Erdung. Auf mangelnde Erdung lässt sich auch oft dann schließen, wenn keine Naturverbundenheit das Leben bereichert oder man sich auf der Erde nicht zu Hause fühlt.

Für sämtliche Heilprozesse wird ein ungehinderter Energiefluss im Wurzelchakra benötigt. So sollte das Basiszentrum bei jeder Behandlung mit einbezogen werden, um einen Heilungserfolg zu erzielen. Auch eine gesunde spirituelle Entwicklung ist von einem aktiven Wurzelchakra abhängig, da es die Basis der Energiezentren bildet und hier die Kundalini schlummert.

Die Yogaphilosophie vermittelt ihren Schülern, dass sich die äußere Welt im Inneren eines jeden Menschen widerspiegelt. Der Körper zeigt das getreue Ebenbild der Seele. Daraus lässt sich folgern, dass ein vollkommener Körper die Heimstätte einer vollkommenen Seele ist.

Das Sakralchakra

Das zweite Chakra hat seinen Sitz am Kreuzbein. Die Stärkung dieses Energiezentrums führt uns in innere und äußere Fülle. Das zweite Chakra repräsentiert die weibliche Kraft in uns Menschen. Das zugeordnete Element ist das Wasser. Dieses Energiezentrum ist zuständig u. a. für Flexibilität und Beweglichkeit, die Fähigkeit, mit dem Leben zu fließen. Über dieses Chakra wird die Energie aus der spirituellen Reinigung und Segnung wie z. B. der Taufe in die Aura aufgenommen. Das Sakralchakra stellt den Kontakt zum Unterbewussten her.

Folgende Aufnahmen zeigen unterschiedliche Energien im Sakralchakra.

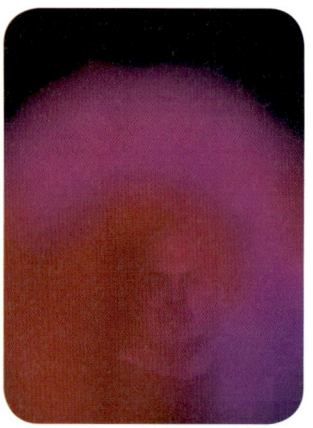

« Dunkelrot und Dunkelviolett offenbaren Anstrengung.

« Die Farbkombination von Orange und Gelb zeigt Kreativität, Flexibilität und Intuition.

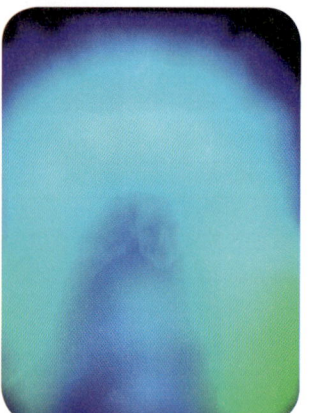

« Blau und Grün lassen hohe Kreativität und Intuition erkennen.

« Die Farbkombination von Gelb-
braun und Türkis offenbart Kreativität, Intuition und Flexibilität.

Kurzbeschreibung des Sakralchakras

Farbe: Orange

Element: Wasser

Charaktereigenschaften des Elements:
Fließen, Intuition, Hingabe, Vertrauen, Loslassen, Mitleid,
Mitgefühl, Demut, Gottesliebe

Symbol: Mondsichel

Symboltiere: Fische, Meereslebewesen, Krokodil

Entsprechungen in der Natur:
Mondlicht, fließendes Wasser

Zentrale Themen:
Selbstbewusstsein, Kreativität, Flexibilität,
Fortpflanzung, Sexualität

Körperliche Einflussbereiche:
Körperflüssigkeiten, Blutkreislauf, Blase, Nieren, Beckenraum, Gebär-
mutter, Geschlechts- und Unterleibsorgane, Keimdrüsen, Kreuzbein

Sinnesfunktion: Schmecken

Drüsen: Geschlechtsdrüsen, Keimdrüsen

Nervengeflecht: Beckengeflecht – Plexus lumbosacralis

Motivation: Familie, Arterhaltung, Sexualität

Positive Aspekte des Sakralchakras

« Die Farbvarianten von Gelb, Blau und Türkis verweisen auf eine lebensfrohe Person, die sich in einem harmonischen Lebensfluss befindet. Das Sakralchakra zeigt in diesen Farben viel Energie, Kreativität und Vitalität. Gelb (männlich) und Blautürkis (weiblich) spiegeln Ausgewogenheit im männlichen und weiblichen Pol dieser Persönlichkeit. Diese Farbkombination lässt erkennen, dass Sinnlichkeit und eine erfüllte Sexualität gelebt werden.

Kreativität ist ein wichtiger Aspekt im Leben eines Menschen, der über ein aktives Sakralchakra gesteuert wird. Über dieses Energiezentrum werden unsere Emotionen in Korrespondenz mit dem Emotionalkörper gesteuert.

Die beiden folgenden Aufnahmen bilden in ihren unterschiedlichen Farben ein kraftvolles Sakralchakra ab. Beide Persönlichkeiten können Gefühle und Leidenschaften erfüllend leben, sodass auch Enttäuschungen als bereichernde Erfahrungen angenommen werden. Persönlichkeiten mit dem Farbenspiel von Orange und Rot (linkes Bild) agieren eher extrovertiert und spontan. Persönlichkeiten mit Farbnuancen von Violett, Magenta und Weiß (rechtes Bild) in ihrer Aura sind hochsensibel; wegen ihrer ausgeprägten Intuition agieren sie überwiegend spontan, doch trotzdem in Gelassenheit.

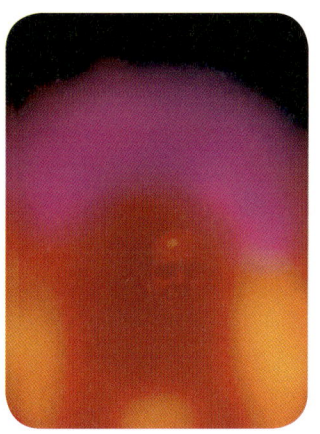 

Die folgenden vier Fotos zeigen in den individuellen Farben des jeweiligen Sakralchakras ein starkes Selbstbewusstsein, das unterschiedlich gelebt wird.

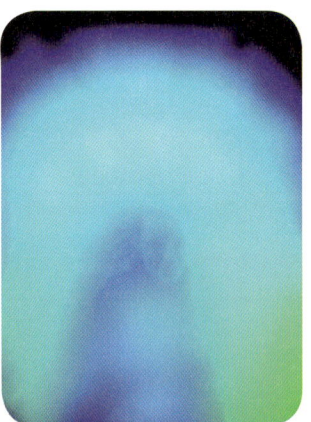

« Blau und Grün sind Farben, die Kreativität anzeigen.

« Das Farbenspiel von Gelb, Lavendel und Blautürkis weist auf eine Persönlichkeit hin, die vielfältige Anlagen und eine starke Ausstrahlung hat.

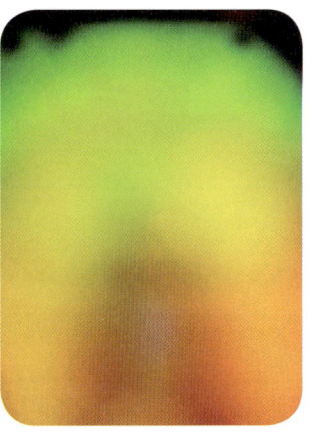

« Orange und Gelborange lassen einen kraftvollen, aktiven Menschen erkennen.

« Violett im Bereich des Sakralchakras tritt häufig bei visionär und kreativ veranlagte Menschen auf.

Selbstbewusstsein entwickelt sich u. a. daraus, sich seiner Gefühle bewusst zu sein, sie als Teil seines Selbst zu akzeptieren und ihnen im Leben Raum zu geben.

In esoterischen Traditionen spielt das Sakralchakra eine wichtige Rolle. Praktiken aus dem Tantra-Yoga dienen dazu, die triebgesteuerte Sexualkraft zu transformieren. Über diesen Weg soll einerseits die Kundalini aktiviert, andererseits die Vereinigung mit der kosmischen Ebene geschaffen werden. Einige esoterische Schulen arbeiten an der Transformation der Sexualkraft, indem sie Enthaltsamkeit praktizieren. Die Triebkraft soll bewusst umgelenkt und zur »Aufstiegskraft« transformiert werden.

Negative Aspekte des Sakralchakras

Ein Mensch mit geschwächtem Sakralchakra leidet unter Antriebslosigkeit, findet nur schwer Zugang zu seiner Kreativität und seinen Gefühlen, was auf Dauer zu latenter Unzufriedenheit führen kann.

Die trüben Farben in folgenden Bildern lassen auf ein schwaches Sakralchakra schließen, was das Körpergefühl, die Eigenwahrnehmung und das Selbstbewusstsein mindert.

« In der Kombination von dunklem Rot und dunklem Violett offenbaren sich Aggressionen, Triebhaftigkeit und Eifersucht.

« Im dunklen Braun und im dunklen Türkis zeigen sich Ängste und Antriebslosigkeit.

Häufig mündet diese Unzufriedenheit in depressiven Verstimmungen, sodass Ersatzbefriedigungen gesucht werden. Unkritisches Konsumverhalten verschüttet z. B. die eigentliche Ursache der inneren Zerrissenheit; es besteht die Gefahr, dass der Mensch mehr und mehr abstumpft und der Zugang zu seinen Emotionen immer schwieriger wird. Menschen mit Blockaden im zweiten Chakra haben oft Schwierigkeiten mit ihrer Beziehungsfähigkeit.

Diese drei Fotos bilden jeweils dieselbe Person im Abstand von einigen Monaten ab. Sie machen deutlich sichtbar, wie die Reinigung des Sakralchakras und des Emotionalkörpers die Aura durchlichtet.

Für das spirituelle Wachstum ist es unumgänglich, diese Energiezentren zu reinigen. Nur so können tief empfundene Gelassenheit und Zufriedenheit erlebt werden – eine wesentliche Voraussetzung für den »Aufstieg«.

Bedeutung des Sakralchakras für die Gesundheit

Auf der körperlichen Ebene können Nieren- oder Blasenprobleme, Harnwegsinfektionen, Prostata- und Menstruationsbeschwerden, Frigidität, Impotenz und Erkrankungen von Blut und Lymphe auftreten.

Die folgenden drei Fotos zeigen leichte Trübungen im Immunsystem.

| Braun | Dunkelorange | Grau, Dunkelorange |

Diese drei Fotos zeigen in ihren dunklen Farben ein schwaches Immunsystem.

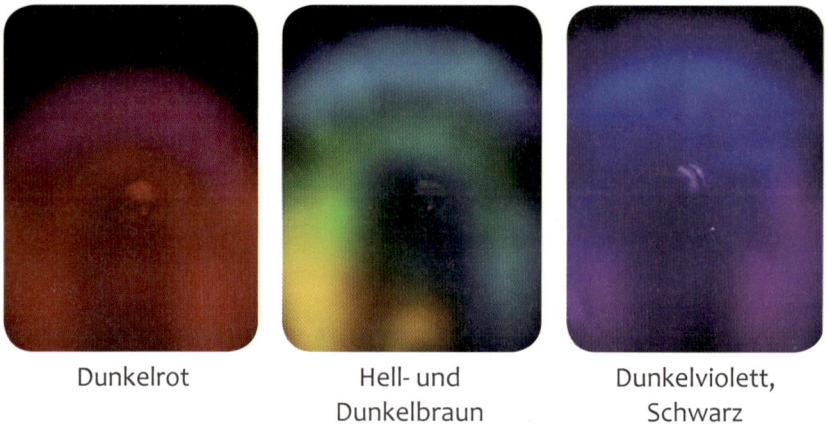

| Dunkelrot | Hell- und Dunkelbraun | Dunkelviolett, Schwarz |

Das zweite Chakra versorgt unser Immunsystem mit Prana. Es ist das Energiezentrum, das den Fluss der Lymphe (Entgiftung) sowie den Blutfluss (Gesamtversorgung) steuert. Bei allen energetischen Behandlungen ist das Sakralchakra mit einzubeziehen, sodass sowohl auf der körperlichen als auch auf der seelischen Ebene die Energie wieder ins Fließen kommt.

Das Solarplexuschakra

Es hat seinen Sitz oberhalb des Solarplexus im Magenbereich zwischen dem ersten Lendenwirbel und dem zwölften Brustwirbel. Die gebräuchlichen Bezeichnungen wie Solarplexus- oder Nabelchakra deuten auf die Aufgaben und Wirkungsbereiche dieses Energiezentrum hin. Es ist ein wichtiges Kraftzentrum, unsere »innere Sonne«.

Kurzbeschreibung des Solarplexuschakras

Farbe: Goldgelb

Element: Feuer

Charaktereigenschaften des Elements:
Temperament, Leidenschaft, Durchsetzungskraft, inneres Feuer, Begeisterung, Kreativität, Wahrhaftigkeit

Symboltier: Widder

Entsprechungen in der Natur:
Sonnenlicht, offenes Feuer, Rapsfeld, gelbes Kornfeld

Zentrale Themen:
Willenskraft, Persönlichkeit, Mut, Kraft, Stärke, Gefühle, Selbstkontrolle, Verteilung der Energien im Körper

Körperliche Einflussbereiche:
Magen, Leber, Galle, Bauchspeicheldrüse, Milz, Dünndarm, Bauchhöhle, vegetatives Nervensystem (= Solarplexus)

Drüsen: Bauchspeicheldrüse, Nebennieren

Nervengeflecht: Sonnengeflecht – Solarplexus

Sinnesfunktion: Sehen

Motivation: Selbstausdruck, Ansehen, Macht

Positive Aspekte des Solarplexuschakras

Die folgenden Aufnahmen wurden von Menschen mit einem kraftvollen Solarplexuschakra gemacht. Sie verfügen über viel Lebensfreude, Humor und Energie. Ihre charismatische Ausstrahlung wirkt auf andere Menschen beeindruckend.

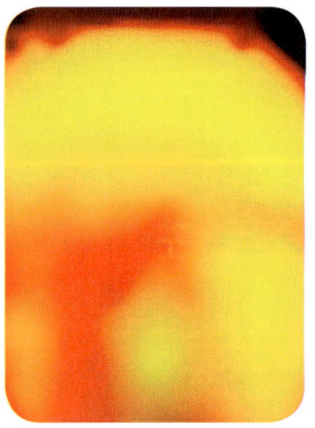

« Sonnengelb lässt lebenslustige und humorvolle Menschen erkennen.

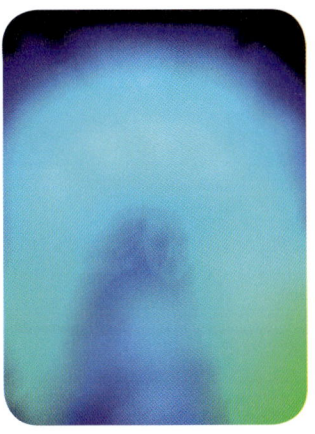

« Menschen, die blaue und grüne Farbnuancen in ihrer Aura haben, sind sehr klare und sensible Persönlichkeiten.

« Violett zeigt sich bei zielstrebigen Visionären.

Menschen mit einem kraftvollen Solarplexuschakra gestalten ihr Leben aktiv und setzen Ideen um, die meistens von positiven Erfahrungen und Erfolg gekrönt sind. Sensibilität, Lebensfreude und klare Gedanken nutzen sie für bewusste Lebensgestaltung. Da sie von Empathie und Moral bestimmte Entscheidungen treffen, achten Sie die Grenzen ihrer Mitmenschen. Es sind zielorientierte Personen, deren Handeln von Verantwortung getragen wird, was eine gute Voraussetzung dafür ist, aus Misserfolgen und Fehlern zu lernen. Da sie Optimisten sind, nehmen sie auch schwierige Situationen als Herausforderungen an. Sie sind offen für Veränderungen und Lernerfahrungen, um ihre Fähigkeiten und damit ihre Persönlichkeit zu entfalten.

Trotz der unterschiedlichen Farben zeigen beide Fotos Menschen, die Wärme und Mitgefühl ausstrahlen.

« Die Farbmischung von Orange, Rot und Gelb offenbart eine sehr flexible und humorvolle Persönlichkeit. Es ist für sie sehr wichtig, ihre Kreativität zu leben.

« Die Farbe Dunkeltürkis deutet auf eine innovative Persönlichkeit hin. Weiß und Blau lassen ausgeprägte Sensibilität und Kreativität erkennen.

Ein starkes drittes Chakra schätzt Ordnung und Struktur gleichermaßen wie Abenteuer und Veränderungen im Leben. Diese Persönlichkeiten übernehmen einerseits Regeln und achten diese, da ihr Bedürfnis nach Ordnung und Struktur Reglementierungen schätzt. Andererseits ist die Freiheit in bestimmten Lebenssituationen wichtig für sie. Dann agieren sie spontan und autonom.

In der Schwingungsfrequenz des Solarplexuschakras lässt sich die Ausstrahlung und Präsenz eines Menschen erkennen. Unsere »innere Sonne« zeigt das Leuchten unseres wahren Wesens.

Negative Aspekte des Solarplexuschakras

Unsere heutige Zeitqualität ist ein Spiegel von unerlösten Energien bzw. Energiestaus im Solarplexuschakra.

Diese beiden Bilder dokumentieren Energieblockaden im dritten Chakra, was zu fehlender Sensibilität, Egoismus und Aggression führen kann.

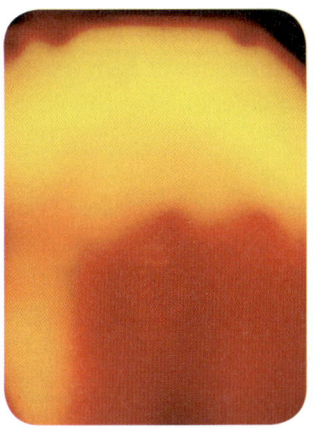 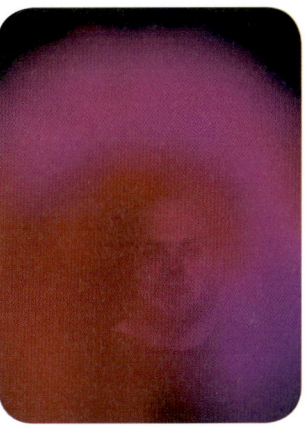

Eine Schwäche in diesem Energiezentrum bewirkt ein geringes Selbstbewusstsein und mangelnde Durchsetzungsfähigkeit. Ein Mensch, dem das innere Feuer fehlt, hat Schwierigkeiten, sich seiner Wünsche oder Träume bewusst zu werden. Falls er doch um die weiß, so fehlt ihm die Kraft, sie in die Tat umzusetzen, da sein Denken und sein Handeln von Selbstzweifeln durchsetzt sind.

« Die trüben Farben lassen auf einen Menschen schließen, der sich eher in der zweiten oder dritten Reihe wohlfühlt. Eine Führungsposition würde ihn auf Dauer überfordern.

Auch im privaten Bereich sind das Verhalten und das Handeln von Unsicherheit geprägt, was das Treffen von Entscheidungen erschwert. Blockaden im Solarplexuschakra führen zu Problemen mit dem Ich-Bewusstsein und damit zu Schwierigkeiten, einen eigenen Standpunkt zu finden.

In meiner Beratungspraxis begegnen mir leider immer noch viele Frauen, die sich und ihre eigenen Bedürfnisse zurückstellen und es gewohnt sind, vorrangig für das Wohl ihrer Umgebung zu sorgen. Häufig finden sich diese Frauen in sozialen Berufen wieder. Natürlich sind Fürsorge und Empathie in der mütterlich-weiblichen Energie verankert. Jedoch ist es sehr wichtig, die eigenen Bedürfnisse nicht aus dem Auge zu verlieren und entsprechend die eigenen und die Grenzen des Gegenübers zu achten. Das Ausleben des Helfersyndroms führt eher zur Erschöpfung als zum Wachstum.

Bedeutung des Solarplexuschakras für die Gesundheit

Das Solarplexuschakra sorgt auf der körperlichen Ebene für eine gute Verdauung. Es ist dafür zuständig, dass die Nährstoffe der Lebensmittel optimal in Energie umgewandelt werden. Auch die Umwandlung von Sauerstoff über die Atmung in Lebensenergie wird über dieses Chakra gesteuert.

Dunkle und trübe Farben lassen immer auf Belastungen in einem Chakra schließen. Auf diesen beiden Bildern erkennt man über das Braun (linkes Foto) und das Dunkelrot (rechtes Foto) einen Energiemangel im dritten Chakra.

Magenbeschwerden, Sodbrennen, Probleme mit der Leber, der Galle oder der Milz sind auf Fehlfunktionen dieses Chakras zurückzuführen. Die Leber übernimmt die wichtige Aufgabe der Blutreinigung. Die Galle ist auf der körperlichen Ebene der Spiegel für Ärger und Stress, der seelisch nicht verkraftet wird. Die Milz steht energetisch für die Lebensfreude. Im Deutschen kennen wir Redewendungen, die diese Zusammenhänge treffend in Worte fassen: Mir ist etwas auf den Magen geschlagen. Da ist mir die Galle übergelaufen. Ist dir eine Laus über die Leber gelaufen?

Auf der seelisch emotionalen Ebene sorgt dieses Energiezentrum in Korrespondenz mit dem Emotionalkörper für die Verarbeitung also die »Verdauung« von Gefühlen.

Beide Bilder machen ein kraftvolles drittes Chakra sichtbar; die verschiedenen, überwiegend klaren Farben lassen emotionale, flexible und kraftvolle Persönlichkeiten erkennen.

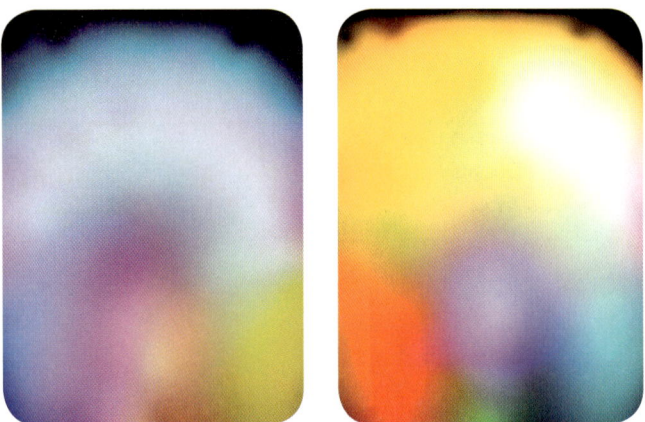

Je bewusster sich ein Menschen seiner Eigenverantwortung ist, desto leichter fallen ihm die Klärung seiner Gefühle und die Verarbeitung von Eindrücken. Dies unterstützt wiederum einen gesunden und tiefen Schlaf, der optimale Erholung garantiert und dementsprechend die Nerven stärkt.

Der Solarplexus beherbergt das vegetative Nervensystem, in dem alle Gefühle, Erfahrungen und Eindrücke des aktuellen Lebens und aller vorherigen Inkarnationen gespeichert sind. So versteht sich, wie wichtig die Reinigung des Solarplexuschakras ist, um die »innere Sonne« wieder in ihre göttliche Strahlkraft zu führen.

Das Herzchakra

Das Herzchakra ist der energetische Mittelpunkt unserer sieben Hauptchakren. Es ist die Verbindung zwischen den mit den menschlichen Instinkten verbundenen unteren drei Chakren und den oberen drei Chakren, die das höhere Bewusstsein des Menschen widerspiegeln. Das Herzchakra ist das Zentrum der universellen Liebe, des Mitgefühls sowie der Menschlichkeit. Sein Sitz ist in der Mitte der Brustwirbelsäule, von dort strahlt es seine Energie aus und füllt den gesamten Brustraum; je nach Stärke strahlt die Herzenergie auch weit darüber hinaus.

Herzchakra:
Die folgenden Bilder lassen sehr emotionale Persönlichkeiten erkennen. Ihre Sensibilität ist ausgeprägt, was sich u. a. in viel Mitgefühl für andere zeigt. Es fällt ihnen meistens schwer, sich abzugrenzen.

| Hellblau | Weiß | Lavendel |

Diese Bilder zeigen ebenfalls sehr emotionale und hilfsbereite Persönlichkeiten. Die Farben ihres Herzchakras lassen erkennen, dass es ihnen
gut gelingt, sich abzugrenzen.

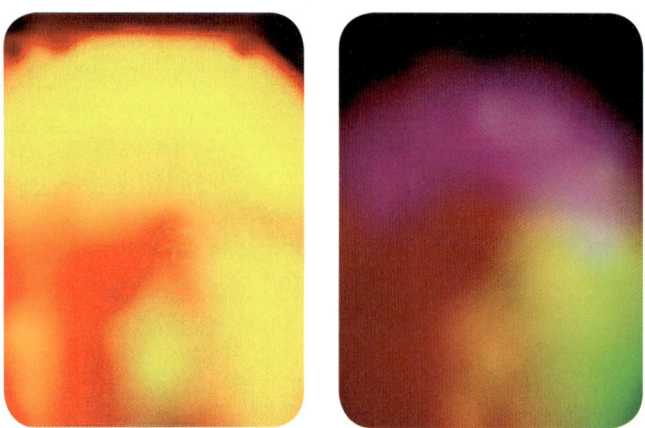

Kurzbeschreibung des Herzchakras

Farben: Grün, Rauchblau

Element: Luft

Charaktereigenschaften dieses Elements:
Offenheit, Toleranz, Vielseitigkeit, Weite, Kommunikation,
Aufnahmefähigkeit, Interesse, Verstehen

Symboltiere: Vögel (z. B. Taube), Antilope

Entsprechungen in der Natur: unberührte Natur, Wald, Wiesen, Felder

Zentrale Themen:
Liebe, Menschlichkeit, Mitgefühl, Zuwendung, Geborgenheit, Zuneigung

Körperliche Einflussbereiche:
der gesamte Brustraum mit Herz, Lunge, Bronchien, oberer Rücken,
Brustkorb, Blut, Blutkreislauf, Haut, Arme und Hände

Drüse: Thymusdrüse

Nervengeflecht: Herzgeflecht – Plexus cardinalis

Motivation:
reine Liebe, Dienen, Demut und Vision Gottes
Höhere Eigenschaften: Hingabe, Liebe

Positive Aspekte des Herzchakras

Ist das Herzchakra aktiv, so strahlt der Mensch Herzenswärme, Güte und Mitgefühl aus. Nächstenliebe prägt seine Begegnungen und sein Handeln. Er urteilt nicht über andere, da er in seiner Toleranz und Offenheit jeden Menschen in seiner Andersartigkeit annehmen kann.

Das Herzchakra ist in der Bildmitte einer Aurafotografie sichtbar. Häufig zeigt sich dieses Energiezentrum als Farbkugel, wie es im ersten (Lavendel) und dritten (Blau) Foto auf der folgenden Seite deutlich zu sehen ist. Diese Bildbeispiele zeigen in individuellen Farben ein aktives Herzchakra. Es sind Persönlichkeiten, die ihren Anlagen entsprechend unterschiedliche Wege gehen.

Diese zwei Persönlichkeiten sind sehr empfindsam und inspirieren ihre Mitmenschen.

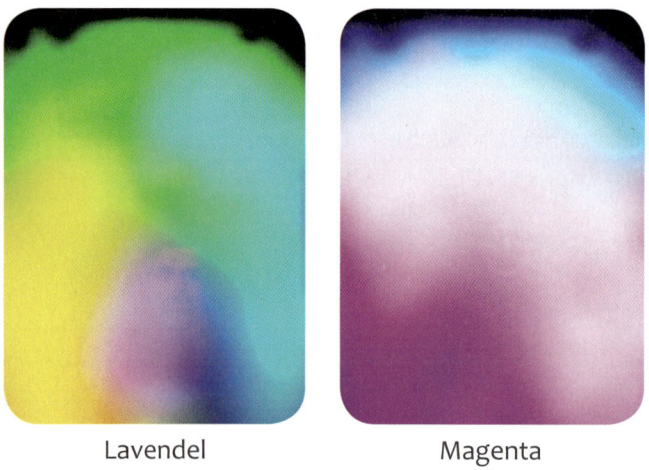

Lavendel   Magenta

Diese Persönlichkeiten wirken beruhigend und ausgleichend auf ihre Umgebung. Hilfsbereitschaft leitet ihr Handeln.

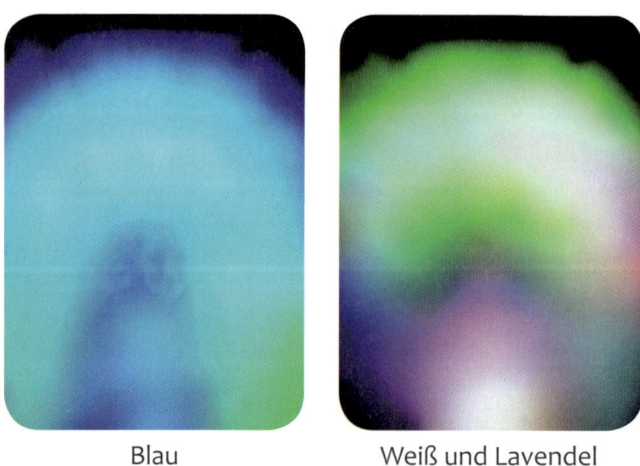

Blau   Weiß und Lavendel

Gewaltlosigkeit sowie Achtsamkeit im Umgang mit Mensch und Natur sind Aspekte einer Persönlichkeit, die mit einem offenen Herzchakra lebt. Dazu gehört ebenfalls ein hohes Bewusstsein für das universelle Gesetz des Wechselspiels von Ursache und Wirkung, das auf das eigene Handeln bezogen wird.

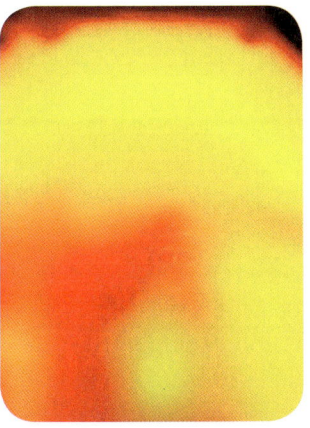

« Gelb im Herzchakra verweist auf einen lösungsorientierten, humorvollen Menschen.

« Lavendel und Weiß im Herzchakra mit der Kombination von Grün im Emotionalkörper spiegeln Gelassenheit und Hilfsbereitschaft.

Herausforderungen und Konflikte im Leben werden als Lernaufgabe angenommen, man ist sich der Eigenverantwortung bewusst. Frieden und Harmonie sind diesen Menschen äußerst wichtig. Die Kommunikation ist von Achtung geprägt, sodass immer eine friedvolle Basis für das Miteinander gegeben ist. Beziehungen und Partnerschaften werden in Liebe gestaltet und gelebt. Auf ihr Umfeld wirkt diese Gelassenheit beruhigend und ausgleichend.

Die Motivation eines Menschen mit geöffnetem Herzchakra ist es, den Weg zu Gott in Demut und Hingabe zu finden. Diese Entwicklung kann sich unabhängig von Religionen und Philosophien vollziehen. Für das Ego und den Geist ist es häufig leichter, wenn man sich einer esoterischen Schule anschließt, die Übungen und Denkmodelle zur Verfügung stellt. Doch ist es wichtig, immer wieder über das Gefühl und die Intuition zu überprüfen, ob dieser Weg der stimmige ist.

Folgende Bilder zeigen anhand ihrer hellen Farbkombinationen von Blau, Violett, Türkis, Rosa und Weiß Menschen mit offenen Herzchakren. Sie sind sich der spirituellen Kraft ihres Herzens bewusst und arbeiten an der Weiterentwicklung ihrer Herzensqualitäten, was den Zugang zur inneren Größe ermöglicht. Gewaltlosigkeit und bedingungslose Liebe sind wichtige Eigenschaften, die in diesem Prozess zu entwickeln sind.

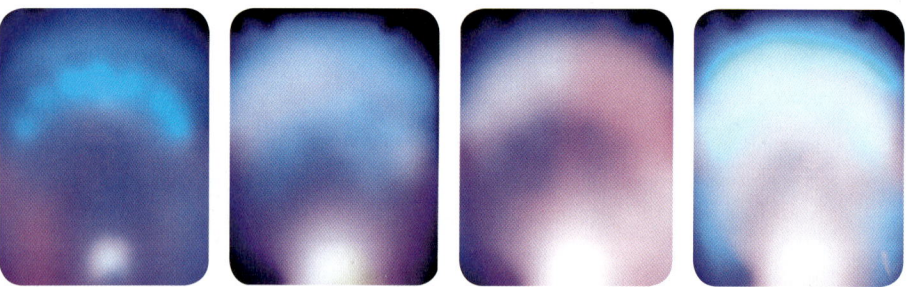

Tief im Herzen eines jeden Menschen ist der Sitz der Seele und des göttlichen Funkens, unsere göttliche Vollkommenheit.

Negative Aspekte des Herzchakras

Blockaden im Herzchakra begünstigen die Entwicklung von Egoismus und Gefühlsstaus in diesem Energiezentrum. Häufig können Gefühle nicht empfunden oder gezeigt werden. Auf ihre Umgebung wirken diese Menschen unzugänglich, nüchtern oder rational. Ein anderes Extrem kann sich im Helfersyndrom zeigen, in diesem Fall sind die Eigenwahrnehmung und die Selbstliebe stark reduziert.

Diese Fotos lassen im Herzchakra Belastungen erkennen, die durch Überforderung ausgelöst wurden, sodass diese Menschen vordergründig ihre eigene Bedürftigkeit wahrnehmen. Der Druck, sichtbar in den trüben, dunklen Farben des Herzchakras, deutet auf Aggressionen hin, die bewirken, dass ihr Verhalten nicht immer von Achtsamkeit begleitet ist. Das hat Auswirkungen auf ihre Kommunikations- und Konfliktfähigkeit.

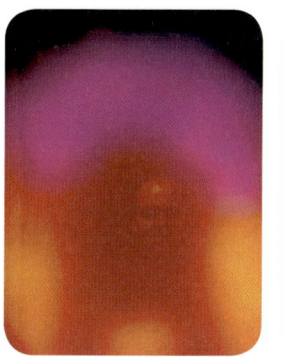 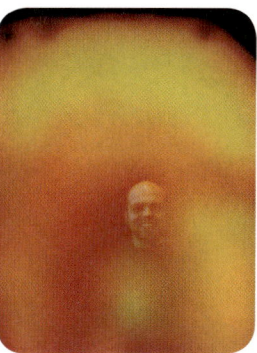 

Folgende Bilder zeigen die Öffnung des Herzchakras (von Dunkelviolett über Violett zu Weiß und Lavendel) aufgrund von Veränderungen in der Lebensführung und durch das Praktizieren von Yoga.

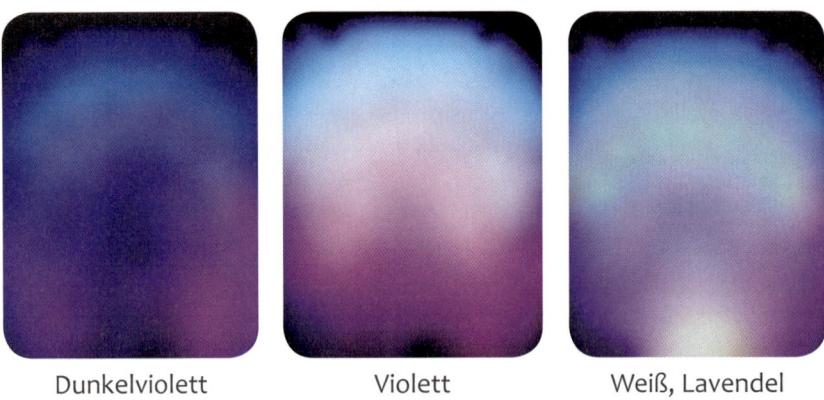

| Dunkelviolett | Violett | Weiß, Lavendel |

Das Farbenspiel von Blau, Violett, Magenta und Weiß offenbart einen sehr sensiblen Menschen. Die Farben spiegeln Mitgefühl, Wärme und Gelassenheit wider.

Die Anlage, die eigenen Grenzen der Belastbarkeit nicht zu achten, führt immer wieder zur Erschöpfung, wie auf dem ersten, dunklen Foto zu sehen ist. Die Erschöpfung blockiert das Herzchakra und damit auch die Selbstwahrnehmung.

Nachdem durch Reduzierung der Arbeitsintensität und tägliche Yoga-praxis wieder Energie aufgebaut wurde, zeigen sich nach zwei Wochen deutlich hellere Farben. Das Violett auf dem zweiten Bild dokumentiert positive Veränderungen im Herzbereich und im Allgemeinbefinden. Die Aura ist von der Struktur her sehr ausgeglichen, was Gelassenheit und Ruhe zeigt.

Nach weiteren zwei Wochen haben sich die Farben des Herzchakras noch einmal gelichtet, was darauf hindeutet, dass Belastungen aufge-löst wurden und die allgemeine Energieerhöhung den »Erdstern« (weiße Kugel am unteren Bildrand) und die Kopfchakren aktiviert hat.

Bedeutung des Herzchakras für die Gesundheit

Das Herzchakra versorgt den gesamten Brustraum mit Energie. So werden das Herz, die Lunge, die Bronchien, die Atemwege, der Blutkreislauf und das Blut versorgt. Alle Herz-Kreislauf-Beschwerden und Atemwegserkrankungen können auf Störungen im Herzchakra zurückgeführt werden.

« Die emotionalen Belastungen (Dunkelorange) führen bei diesem Menschen zu körperlichen Beschwerden im Herzbereich. Er leidet unter Herzrhythmusstörungen (im Grau zu erkennen). Es handelt sich um einen älteren Menschen, der über viele Jahre seine Gefühle verdrängt hat.

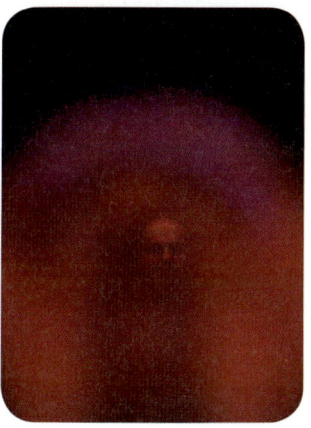

« Noch sind keine körperlichen Störungen im Herzbereich zu erkennen. Sofern die Emotionen, die das Herzchakra (Dunkelrot) belasten, nicht bearbeitet und gelöst werden, kann das langfristig zu Herzproblemen führen. Es handelt sich um einen jungen Menschen, der noch über viel Kraft verfügt, allerdings von seinen Reserven lebt.

Die Thymusdrüse, welche diesem Energiezentrum zugeordnet wird, ist hinsichtlich ihrer Funktion noch nicht gänzlich erforscht. Doch weiß man heute, dass sie für das Wachstum und die Immunabwehr zuständig ist. Sie wächst, bis der Mensch in die Pubertät kommt. Nach dem Erreichen der Geschlechtsreife zieht sie sich zusammen und wird stetig kleiner. Etwa ab dem 45. Lebensjahr nimmt ihre Funktionsfähigkeit ab, was dazu führt, dass der Mensch anfälliger für Krankheiten wird. Die Aktivität der Thymusdrüse können wir durch einfaches Beklopfen des Brustkorbes stimulieren und so auch die Immunabwehr stärken. Am wirkungsvollsten geschieht dies in Kombination mit dem Sprechen einer positiven Affirmation (siehe Übungskatalog S. 156 ff.).

Eine schwache Immunabwehr, die Neigung zu Allergien und Hautprobleme können auf Blockaden im Herzchakra hinweisen. Die Haut als unser größtes Organ ist zugleich unsere Begrenzung nach außen. Sie spiegelt unser seelisches Befinden und unsere Beziehungsfähigkeit wider.

Diese beiden Fotos offenbaren sehr emotionale, empfindliche Persönlichkeiten (dunkle Streifen links um den Ätherkörper), welche Schwierigkeiten haben, sich abzugrenzen. In ihren unteren drei Chakren sowie dem Herzchakra zeigen sich Schwächen, sichtbar an den Farbtrübungen. Beide Personen leiden unter Allergien und Hautproblemen.

Durch belastende Umwelteinflüsse, Chemikalien, die über die Luft, die Nahrung, das Wasser, Kosmetika etc. aufgenommen werden, wird die Hautgesundheit zusätzlich stark belastet. In meiner Beratungstätigkeit begegnen mir immer mehr Menschen, die mit Allergien und Hautproblemen zu kämpfen haben, darunter befinden sich viele Kinder, Hochsensible und Menschen mit Abgrenzungs- und Beziehungsproblemen.

In die Behandlung jeder Störung des Immunsystems ist auch das Herzchakra, speziell die Thymusdrüse, mit einzubeziehen. Gerne gebe ich Ihnen die Klopfübung zur Stimulierung der Thymusdrüse mit auf den Weg (siehe Übungskatalog S. 156 ff.).

Das Halschakra

Das Hals- oder auch Kehlkopfchakra ist nach seinem Sitz in eben diesem Bereich benannt. Es ist das Energiezentrum, das den Übergang vom Herzchakra zu den Kopfchakren schafft und für die Verbindung von Denken – Intellekt und Fühlen – Intuition zuständig ist. Ein wichtiger Aspekt dieses Energiezentrums ist die Kommunikation.

In der Aurafotografie zeigt sich dieses Energiezentrum im Halsbereich, etwas darüber und darunter über die gesamte Bildbreite.

Halschakra:

Diese beiden Bilder verweisen in ihren unterschiedlichen Farbenspielen auf sehr einfühlsame Persönlichkeiten. In der Kommunikation agieren sie eher introvertiert.

Grüngelb, Grün, Gelb   Lavendel, Blau, Blautürkis

Die Farben auf den folgenden Bildern lassen auf eher extrovertierte Persönlichkeiten schließen. Die dunklen und eingetrübten Farben zeigen Anstrengungen und emotionale Belastungen des Halschakras.

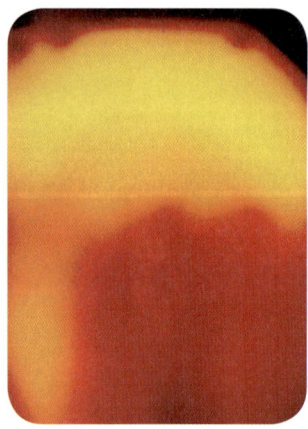 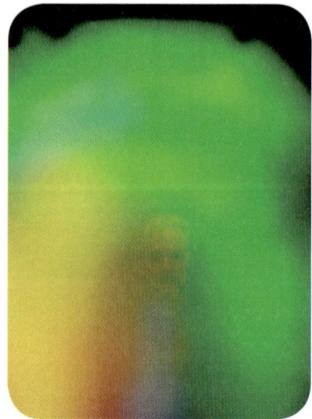

Rot und Orangegelb   Orange, Gelb, Grau, Grün

Kurzbeschreibung des Halschakras

Farbe: Hellblau

Element: Äther, Akasha

Charaktereigenschaften des Elements:
Ausdrucksvermögen, Kommunikation

Symboltier: weißer Elefant

Entsprechungen in der Natur: blauer Himmel, Meerwasser

Zentrale Themen:
Kommunikation, Bewusstsein für Worte, Inspiration, mentale Kraft, Unabhängigkeit, Wahrheit

Körperliche Einflussbereiche:
Hals, Kiefer, Kehlkopf, Speise- und Luftröhre, Atmung, Stimme, Gehör, Nacken, Halswirbelsäule, Schultern

Drüse: Schilddrüse

Nervengeflecht:
Halsknoten, Vagusnerv (Hauptnerv des parasympathischen Systems)

Sinnesfunktion: Hören

Höhere Eigenschaften: unendliche Ausdehnung

Positive Aspekte des Halschakras

Ein erlöstes, kraftvolles Halschakra ermöglicht es dem Menschen, seine Gedanken und Gefühle auszudrücken, sodass er sich anderen ohne Schwierigkeiten mitteilen kann. Seine Stimme ist klar und spiegelt entsprechend die empfundenen Emotionen wider. Das Kehlkopfchakra steht mit dem Herzen und dem Solarplexuschakra in enger Korrespondenz.

Im individuellen Farbenspiel beider Aufnahmen erkennt man Persönlichkeiten, die in der Kommunikation klar ihren eigenen Standpunkt vertreten können. Ihr Selbstbewusstsein spiegelt sich in ihrer Kommunikation wider. Sie scheuen sich nicht, auch vor größeren Gruppen Reden zu halten. Ihre Kommunikation ist offenherzig und von Achtung gegenüber dem Gesprächspartner geprägt.

Blau, Rosa   Grün, Lavendel, Gelb

Auch der gekonnte Umgang mit Sprache/n und das Jonglieren mit Worten rühren von einem starken Halschakra her. In diesem Zusammenhang wird auf Wahrheit und Aufrichtigkeit Wert gelegt.

Ein aktives Kehlkopfchakra schafft eine Verbindung zu Klängen. Harmonische Klänge und Musik sind für diese Menschen ein wichtiger Teil ihres Lebens, da sie tief in die Klangwelt eintauchen können. Machen wir uns in diesem Zusammenhang bewusst, dass alles aus Schwingungen besteht, so auch jedes Wort, jeder Klang. Die ausgesendeten Frequenzen beeinflussen unser Energiesystem und speziell das Kehlkopfchakra. Es ist wichtig, diese Wechselwirkung in der Kommunikation zu beachten. Wenn wir Worte der Liebe aussprechen, berühren sie das Herz und wirken schwingungserhöhend auf uns ein.

Beide Fotos zeigen in individuellen Farben ein starkes Kehlkopfchakra, dies lässt eine enge Verbindung von Verstand und Intuition erkennen. Durch ihre Offenheit und Neugierde begleitet das Lernen das ganze Leben dieser Menschen. Den Gewinn neuer Erkenntnisse erleben sie als stete Bereicherung. Es sind Persönlichkeiten, die stets um Wahrheit und Wahrhaftigkeit bemüht sind.

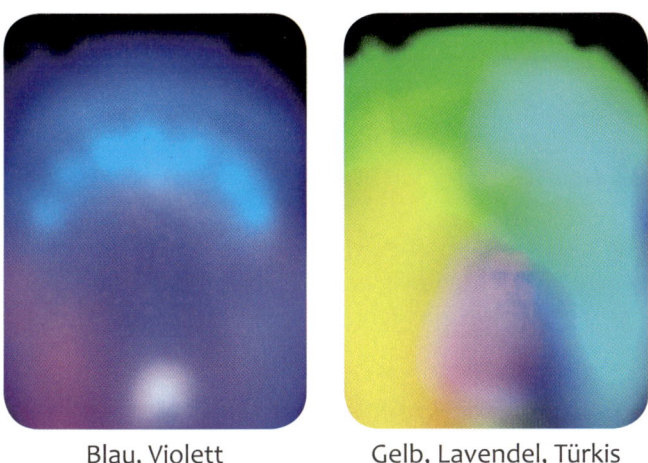

Blau, Violett   Gelb, Lavendel, Türkis

Wir Menschen unterschätzen häufig die Kraft und Macht der Gedanken und der Worte. Ein bewusster Umgang mit Sprache kann helfen, die eigene Prägung der Kommunikation zu läutern.

Negative Aspekte des Halschakras

Ein Energiestau im Kehlkopfchakra kann dazu führen, dass Betroffene zu Manipulation und Machtstreben neigen. Im Sprachgebrauch finden sich be- und verurteilende Aussagen, die dazu dienen sollen, andere zu schwächen.

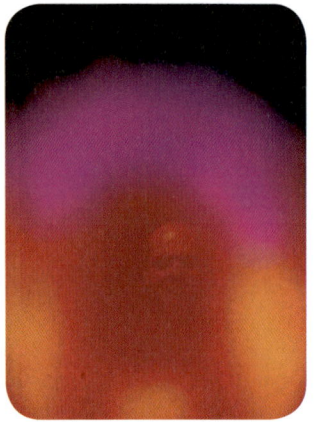

« Das Dunkelrot im Kehlkopfchakra deutet darauf hin, dass keine besondere Aufmerksamkeit auf die Wortwahl, in Extremfällen auf den Wahrheitsgehalt der Aussagen, gelegt wird. Die orangegelben Anteile in diesem Energiezentrum lassen Egoismus – ausgelöst durch Gefühlsblockaden – erkennen.

Es sind häufig sehr auditive Menschen, welche sich selbst gerne reden hören, deren Aussagen jedoch anteilig wenige wichtige Informationen enthält. Sie machen viele Worte um Nichts.

Ist das Halschakra schwach, wie es bei diesen Bildern anhand der trüben Farben zu erkennen ist, kann das zu Schüchternheit und Unsicherheit im Umgang mit anderen Menschen führen. Es sind Persönlichkeiten, die eher dazu neigen, sich unterzuordnen, da Unklarheit im Denken und im Fühlen ihr Selbstbewusstsein stört.

trübes Rot und Orange
Grau, trübes Lavendel und Gelb

Häufig ist es für solch einen Menschen schwierig, eine eigene Meinung zu entwickeln sowie klar Position zu beziehen. Die Sprache und die Wortwahl können unpräzise sein, sodass es im Außen zu Unverständnis oder Missverständnissen kommen kann. Diese Wechselwirkung von unklarer Aussage und Unverständnis der Umwelt kann diese Symptomatik verstärken und das Selbstwertgefühl noch weiter schwächen.

Bedeutung des Halschakras für die Gesundheit

Bei Erkältungskrankheiten ist dieses Energiezentrum meist in Mitleidenschaft gezogen. Halsentzündungen, Mandelbeschwerden, Ohrenschmerzen, Kropf- und Schilddrüsenleiden sind auf Blockaden in diesem Energiezentrum zurückzuführen ebenso wie Probleme mit den Zähnen oder dem Zahnfleisch, da diese vom Halschakra mit Energie versorgt werden.

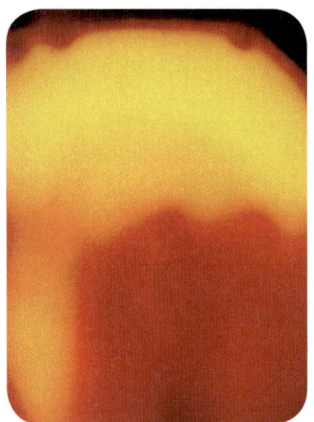

« Auf diesem Aurafoto sind im Dunkelrot deutliche Belastungen des Kehlkopfchakras zu erkennen. Dadurch leidet diese Person unter starken Nacken- und Schulterverspannungen, die je nach Belastung stärker werden können.

Werden andauernde Muskelverspannungen im Bereich der Halswirbelsäule nicht behandelt, kann dies Auswirkungen auf die oberen Bandscheiben haben.

« Dieses Foto offenbart einen eingeschränkten Energiefluss im Kehlkopfchakra (Grau, trübes Orange), was bei der Person häufig zu Heiserkeit führt. Sprachstörungen sowie Wortfindungsprobleme können ebenfalls auftreten.

Das Stirnchakra

Dieses Energiezentrum wird in der westlichen Welt Stirnchakra oder Drittes Auge genannt. Über die Stärkung dieses Chakras können wir unser Bewusstsein erweitern und Kontakt zur geistigen Welt aufnehmen; es ist das Tor zur Unendlichkeit.

In diesem Chakra enden Ida und Pingala, die Energiebahnen, die beim Aufstieg der Kundalini aktiviert werden. Wenn sich diese vereinigen, hebt sich die Polarität von männlich und weiblich und damit auch die Dualität in der Wahrnehmung des Menschen auf.

Das Dritte Auge erscheint in der Aurafotografie direkt über dem Kopf und dehnt sich bogenförmig über den Kopfbereich aus.

Die unteren Bilder zeigen verschiedene Entwicklungsstadien dieses Energiezentrums, woraus unterschiedliche Lebensweisen resultieren.

Diese beiden Bilder verweisen in ihren jeweiligen Farben im Bereich des Dritten Auges auf ein stark entwickeltes Bewusstsein. Es sind Menschen, die sich vertrauensvoll von ihrer Intuition leiten lassen und bewusst den Kontakt zu ihrer geistigen Führung pflegen.

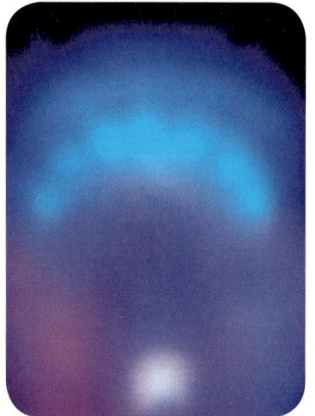 

Blauviolett, Türkis   Dunkelblau, Hellblau, Rosa

Auf beiden folgenden Bildern sieht man in der oberen Bildmitte einen grünen Kanal, der die bewusste Verbindung zur geistigen Führung über das Energiezentrum des Dritten Auges zeigt. Es sind Menschen, die eine starke Intuition haben (Grün, Türkis) und die Impulse, die sie über diese Ebene erhalten, auch achten. Ihr starker Verstand (Gelb) macht es ihnen hin und wieder schwer, ihrer Intuition zu folgen, dann treffen sie verstandesmäßige Entscheidungen.

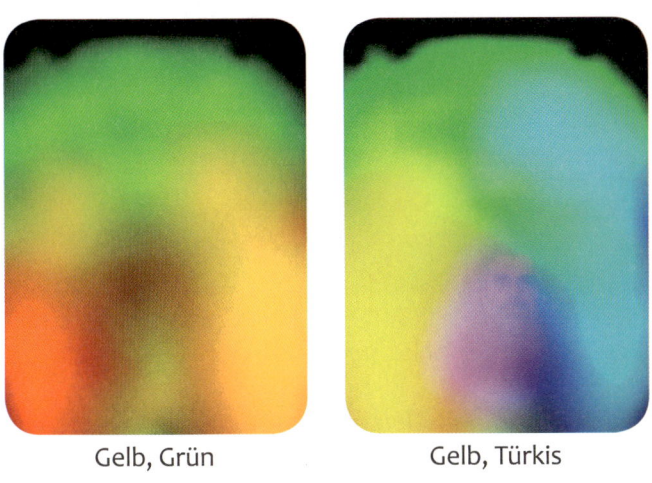

Gelb, Grün   Gelb, Türkis

Kurzbeschreibung des Stirnchakras

Farben: Dunkelblau, Indigoblau, Weiß

Element: Geistenergie (verborgen, unmanifestiert)

Charaktereigenschaften des Elements:
Intellekt, Intuition, alle geistigen Kräfte

Entsprechungen in der Natur:
Nachthimmel, Sterne

Zentrale Themen: Intuition, Weisheit, unmittelbare und ganzheitliche Wahrnehmung

Körperliche Einflüsse: Augen, Ohren, Nase, Nasennebenhöhlen, Gesicht, Kleinhirn, Nervensystem, Hormonsystem

Drüse: Hypophyse

Sinnesfunktionen: Denken, siebter Sinn, übersinnliche Wahrnehmung

Nervengeflecht: Gehirn

Motivation: Selbstverwirklichung

Höhere Eigenschaft: Wissen

Positive Aspekte des Stirnchakras

Im Stirnchakra enden die Hauptnadis Ida und Pingala. Sammelt sich Lebensenergie in diesem Chakra, sind höhere Erkenntnisse möglich. Hier geht es um die Entwicklung des Bewusstseins und der Achtsamkeit.

Ein Mensch mit einem aktiven Dritten Auge verfügt über eine gute Intuition, die mit Klarheit im Denken verknüpft ist.

« Diese Aufnahme lässt gut erkennen, dass bei dieser Persönlichkeit die linke und die rechte Gehirnhälfte harmonisch zusammenarbeiten und in eine ganzheitliche Wahrnehmung führen. In einem aktiven Stirnchakra treffen sich die intellektuelle (Gelb) und die emotionale Intelligenz (Grün).

« Der auf diesem Foto sichtbare grüne Kanal enthüllt die intuitive, vertrauensvolle Verbindung zur geistigen Welt. Auch in diesem Farbenspiel von Gelb (Intellekt) und Türkis, Grün (Intuition) ist die Verknüpfung beider Ebenen deutlich.

Sofern die Verbindung zur geistigen Welt vertrauensvoll gelebt wird, sind »Lichterfahrungen« möglich. So kann Geborgenheit im kosmischen Ganzen erfahren werden.

Die Farben Dunkelblau, Hellblau und Rosa (Bild links) und Blauviolett und Türkis (Bild rechts) offenbaren visuelle Kraft, die Ebene der inneren Bilder und Visionen, die vom Dritten Auge erfahren und gesteuert wird. Im linken Bild lässt das Dunkelblau noch Zweifel erkennen, die über die Verstandesebene ins Bewusstsein dringen. Hellblau und Rosa zeigen eine herzliche Verbindung zur geistigen Führung. Türkis (rechtes Bild) verweist auf eine starke, klare Verbindung zur geistigen Führung. Die Intuition wird bewusst erfahren und stets geachtet.

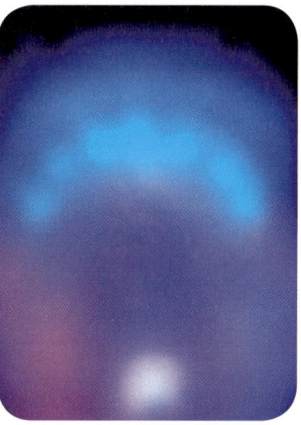

Sind die dem Stirnchakra zugeordneten Sinnesorgane geschärft, können Visionen erfahren werden. Die Informationen und Impulse, die solche Menschen in ihren Visionen erhalten, werden genutzt, um z. B. soziale Projekte ins Leben zu rufen oder technische Geräte, die den Menschen dienen, zu erfinden. So können auf verschiedenen Wegen Visionen materialisiert werden. Visionäre geben der gesellschaftlichen Entwicklung Impulse. Solche Persönlichkeiten sind sich ihrer Verantwortung dem Leben gegenüber bewusst und gestalten dieses im Einklang mit den kosmischen Gesetzten.

Je klarer und ruhiger die Gedanken werden, desto leichter ist es für den Menschen, Illusionen und Täuschungen zu erkennen. Werden die Gedanken (der Verstand) stiller, so ist der Mensch mehr und mehr vom Bewusstsein des Friedens – der eigentlichen »Essenz« des Lebens – durchdrungen. Nun sind flüchtige, weltliche Vergnügungen unwichtig und können losgelassen werden.

In den alten Schriften der Upanishaden und des Vedanta, aus denen das Wissen um die menschlichen Energiekörper und Energiezentren entspringt, wird der Geist mit einem widerspenstigen Pferd verglichen: Erst wenn der Mensch in der Lage ist, dieses widerspenstige Pferd zu zügeln, also die Gedanken zur Ruhe zu bringen, kann er das gesamte Potenzial des Geistes nutzten.

Negative Aspekte des Stirnchakras

Da es bei einem blockierten Stirnchakra schwierig ist, sich auf Situationen und Menschen einzustimmen, kann sich dies in Ich-Bezogenheit und mangelnder Empathie ausdrücken. Das Denken ist unflexibel, die Intuition wird nur bedingt genutzt. Weitere Merkmale können Fantasielosigkeit und Fixierung auf den Intellekt, also auf das Denken, sein. Grübeln, geistige Unruhe und Nicht-abschalten-Können sind ebenfalls Anzeichen für Blockaden in diesem Energiezentrum.

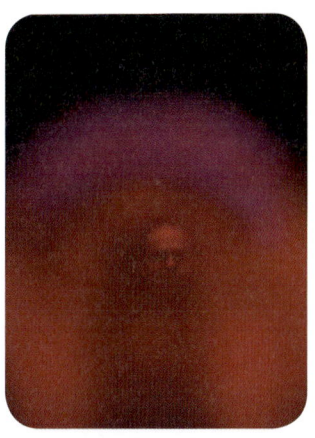

« Im diesem Bild ist dies anhand der trüben, dunklen Farben sichtbar.

« Dieses Bild lässt eine hochsensible Person erkennen, die nicht gelernt hat, mit ihrer Empfindsamkeit zurechtzukommen. Bei ihr führt das dazu, dass sie oft ängstlich und unsicher ist. Diese Reaktionen werden häufig von einer Unterversorgung dieses Chakras mit Prana ausgelöst. Die Beeinträchtigung führt zu Realitätsverlust, sodass sich der Mensch dann gedanklich in seinen Problemen verliert und nur schwer einen Ausweg findet. Wird diese Erlebnisspirale nicht unterbrochen, sind depressive Verstimmungen und Weltflucht die Folge (Dunkelblau, Dunkelviolett).

Durch Blockaden in diesem Energiezentrum können Skepsis und Pessimismus ausgelöst werden, wie es in dem folgenden ersten Bild zu sehen ist.

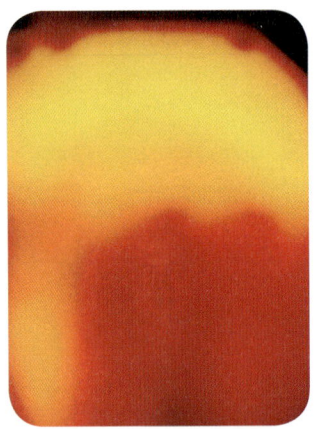

« Die starke innere Anspannung (Dunkel-rot) beeinflusst das Denken und das Fühlen. In stressigen Zeiten agiert diese Person aus der intellektuellen Ebene heraus. Die Verbindung zur geistigen Führung ist getrübt (Dunkelrot über dem Kopf). Das leicht getrübte Gelb im oberen Bildbogen lässt Pessimismus erkennen.

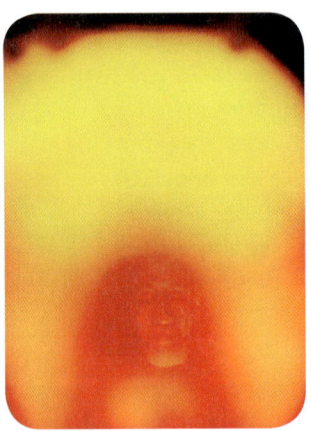

« Nach einer Zeit der Ruhe ist es dieser Person leichter möglich, die innere Stimme wieder zu vernehmen. Das lichte Gelb zeigt Lebensfreude und Optimismus.

Unkritischer Medienkonsum, gedankenloses Konsumverhalten etc. können die Selbstwahrnehmung und den Zugang zur Intuition trüben. So wird eine Weiterentwicklung des Bewusstseins erschwert, was meist zu großer innerer Unzufriedenheit führt. Konzentrations- und Wahrnehmungsstörungen, Sinnsuche, unerklärliche Sehnsucht und geistige Verwirrung haben ebenfalls ihre Ursache in einem blockierten Stirnchakra.

Bedeutung des Stirnchakras für die Gesundheit

Das Stirnchakra versorgt unseren gesamten Kopfbereich mit Energie. So werden die Sinnesorgane von diesem Energiezentrum mit Prana versorgt, was die Konzentrationsfähigkeit und die Wahrnehmungsfähigkeit auf allen Ebenen stärkt.

« Im körperlichen Bereich weisen Kopfschmerzen, Migräne, Schnupfen und Nasennebenhöhlenentzündungen auf mangelnde Energieversorgung hin. Auf diesem Bild sind entsprechende Veranlagungen über die Farben zu erkennen. Da bei dieser Person die Erdung instabil ist (schwarzer Halbkreis in unterer Bildmitte), kommt es im Dritten Auge zum Energiestau, der diese Beschwerden auslösen kann.

Im seelisch-psychischen Bereich können Ängste, Depressionen, Plan- und Ziellosigkeit sowie Weltflucht als Symptome auftreten. In extremen Fällen entwickeln sich bei Überdruck des Stirnchakras Wahnvorstellungen, Schizophrenie und Psychosen.

Die Zahl an Schlaganfällen, Fällen von multipler Sklerose, Parkinson und Alzheimer sind in den letzten Jahren auffällig gestiegen. Nicht zuletzt ist dies auf unsere schnelllebige Zeit, die ungesunde Ernährungsweise, mangelnde Bewegung und die Überforderung vieler Menschen zurückzuführen.

« Dieses Bild zeigt eine mangelnde Versorgung mit Prana in allen Energiezentren, die dadurch insgesamt blockiert werden.

Die beschriebenen Lebensumstände entfernen die Menschen immer weiter von einem gesunden und natürlichen Lebensrhythmus, sodass die Versorgung der Chakren und in diesem Zusammenhang die Versorgung des Stirnchakras mit Prana erschwert wird. Bei diesen massiven Störungen ist es äußerst wichtig, zunächst wieder für eine stabile Erdung zu sorgen, was die Grundlage für eine aktive Lebensgestaltung, Realitätssinn und Ordnung im Denken ist.

In der östlichen Philosophie wird immer wieder deutlich darauf hingewiesen, wie wichtig positives Denken für eine freudvolle Lebensgestaltung ist. Es wird betont, dass unser Geist uns entweder fesselt oder befreit. Dieser Denkansatz macht die Eigenverantwortung für das Erlangen des Glücks bewusst, das wir nur in uns selbst finden können.

Das Kronenchakra

Das Kronen- oder auch Scheitelchakra hat seinen Sitz in eben dieser Kopfregion. Der tausendblättrige Lotos ist das Symbol für dieses Chakra. Der Lotos wurzelt im Schlamm, der Stiel wächst im trüben Wasser und steigt auf gen Tageslicht, wo sich die zauberhafte Lotosblüte entfaltet.

Auf Aurafotos ist die individuelle Entwicklung des Kronenchakras an den gesamten Aurafarben und im obersten Bildbogen zu erkennen.

Auf den unteren Bildern ist in den jeweiligen Farben ein aktives Kronenchakra mit einer guten Verbindung zur geistigen Führung zu erkennen, welche über dieses Energiezentrum gesteuert wird.

| Blau | Türkis, Grün | Blau, Rosa |

Auf diesen Aufnahmen sind unterschiedliche Personen zu sehen, deren jeweiliges Kronenchakra in individuellen Farben schwingt. Bei allen zeigt sich jedoch die Gemeinsamkeit, dass sie ab und zu unbewusst Zugang zum Kronenchakra haben, was in den jeweiligen Farben im oberen Bildbereich zu erkennen ist. In diesen Momenten sind sie in der Lage, ihre Intuition in ihr alltägliches Leben einfließen zu lassen. Sie erleben dann sogenannte Sternstunden, in denen sie für einige Augenblicke glücklich sind. Die Bilder zeigen, dass die Verbindung zum Kronenchakra bei diesen Menschen immer wieder durch Stress, unbearbeitete Emotionen oder Ähnliches blockiert wird. Die labile Verbindung zum Kronenchakra lässt sich in den trüben Farben um den Körper und über dem Kopf der Personen erkennen.

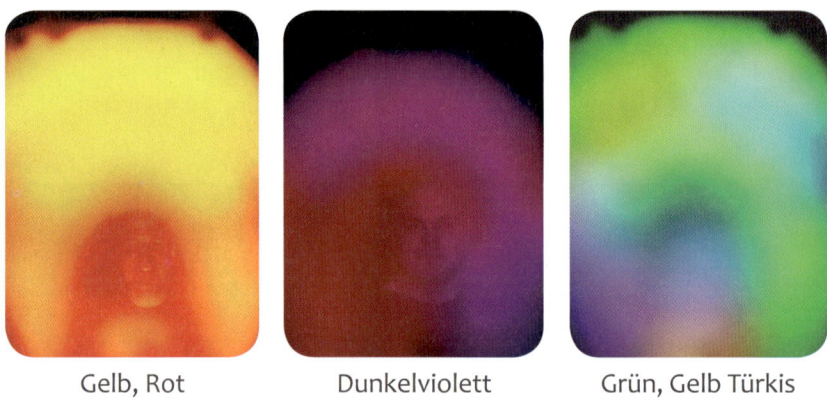

| Gelb, Rot | Dunkelviolett | Grün, Gelb Türkis |

Das Kronenchakra ist das Energiezentrum, in dem das wichtigste Nadi, die Sushumna, endet. Bei der Erweckung der Kundalini steigt über die Hauptnadis Ida, Pingala und Sushumna die Energie auf. Sie fließt bei diesem Erleuchtungsprozess durch alle Chakren nach oben und tritt durch das Kronenchakra aus, wodurch die Dualität aufgehoben ist. So erlangt der Mensch die reine Erkenntnis und kann den Kreislauf der Wiedergeburt beenden.

Kurzbeschreibung des Kronenchakras

Farben: Weiß, Violett, Gold

Charaktereigenschaften des Elements:
Empfangen der göttlichen Gnade, Heiliger Geist

Symbol: tausendblättriger Lotos

Symboltier: Schlange (Kundalini)

Entsprechungen in der Natur:
Berggipfel, Heiliger Berg Kailash in Tibet

Zentrale Themen:
Spiritualität, Erfahrung geistiger Welten, kosmische
Vereinigung, Selbstverwirklichung, Erleuchtung

Drüse: Zirbeldrüse

Körperliche Zuordnung:
gesamter Organismus, Augen, Mittelhirn

Höhere Eigenschaft: reines Bewusstsein

Positive Aspekte des Kronenchakras

Dieses Energiezentrum sitzt am Scheitelpunkt des Kopfes. Bei Babys ist dieser empfindliche Bereich – die Fontanelle – noch geöffnet.

Dieses Chakra ist das Zentrum der Spiritualität und der höheren Erkenntnis auf dem Weg zur Erleuchtung. Allumfassendes Wissen, Verbundenheit mit dem Universum, Glaube, geistige Kraft und innere Schau sind positive Aspekte dieses Energiezentrums.

Ein geöffnetes Kronenchakra führt durch die Verbindung mit der göttlichen Ebene in einen tiefen, inneren Frieden, in die göttliche Harmonie, da die Dualität aufgehoben ist und der Mensch die Wirklichkeit erkennt, die jenseits vom Denken liegt. Diese Erleuchtungserfahrung ermöglicht dem Menschen den Wandel zum Mahatma, zur »großen Seele« (Ehrbezeichnung für einen bedeutenden spirituellen Lehrer und Führer).

Die folgenden Aurafotos zeigen Menschen, welche ein hohes Maß an Bewusstheit entwickelt haben, was an der Klarheit der Farben zu erkennen ist.

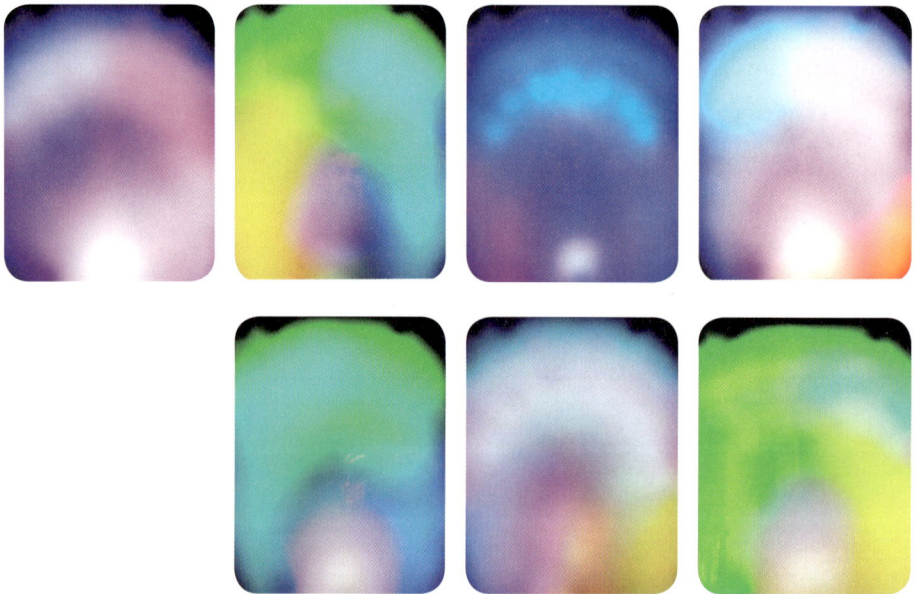

Die Entwicklung des Kronenchakras sollte nach meiner Erfahrung nicht forciert werden, da das den Menschen komplett aus dem Gleichgewicht bringen kann.

Die unteren drei Chakren bilden unser Fundament. Hier sitzen unsere Lernaufgaben, die, sofern wir sie annehmen und meistern, uns wichtige Erkenntnisse gewinnen lassen.

Auf den folgenden beiden Bildern sieht man die Weiterentwicklung des Bewusstseins durch das Lösen von belastenden Emotionen, die sich in den dunkleren Farbfeldern zeigen.

« Die Belastungen offenbaren sich im alltäglichen Leben durch Begegnungen und Ereignisse, die als störend oder anstrengend empfunden wurden. Durch das Klären dieser Umstände, das Bearbeiten und Annehmen der Gefühle wurden die unteren Chakren gereinigt. Die vertrauensvolle Hinwendung zur geistigen Führung (helle Farben der Kopfchakren) ist bei diesem Prozess eine starke Unterstützung.

« Die Lösung der Belastungen hat die Chakren sichtbar gereinigt und energetisiert, was zur Schwingungserhöhung in allen Energiezentren geführt hat. Dieser Prozess hat zur Erhöhung der Herzenergie geführt – ein wichtiger Aspekt für die Aktivierung des Kronenchakras.

Die spirituelle Entwicklung ist ein wichtiger Teil unserer menschlichen Existenz, der unser Leben bereichert und auch erleichtern kann.

Die folgenden Fotos zeigen in ihren sehr unterschiedlichen Farben Menschen, die ihren Weg gefunden haben, Spiritualität aus dem Herzen zu leben und mühelos ins Alltagsgeschehen zu integrieren.

Die hellen und klaren Farbnuancen auf beiden Bildern machen deutlich, dass es sich hier um Persönlichkeiten handelt, die erkannt haben, dass sie ein Teil des großen Ganzen sind.

Das Urvertrauen in die göttliche Führung gibt Stabilität, Kraft und Liebe. Jedes unserer Leben mit all seinen Erfahrungen und allem erarbeiteten Wissen bringt uns mit jedem Herzschlag unserer eigentlichen Heimat, der göttlichen Einheit, wieder näher. Es ist das Ziel unserer Inkarnationsreisen. Was für eine wunderbare Aussicht!

»Die Schöpfungen des Geistes sind zahlreicher als die in der Sonne tanzenden Staubkörner.«

Milarepa

Negative Aspekte des Kronenchakras

Die einseitige Konzentration auf eine spirituelle Erweckung kann insgesamt das Gleichgewicht des Menschen bzw. sein gesamtes Energiesystem stören. Dadurch wird der Bezug zum alltäglichen Leben geschwächt mit der Folge, dass die Anforderungen durch Familie, Beruf etc. nicht mehr erfüllt werden können. Weltflucht ist die Folge.

« Auf diesem Bild ist deutlich eine Schwächung des Wurzelchakras zu sehen, was die Erdung beeinträchtigt (schwarzer Halbkreis in unterer Bildmitte).

« Dieselbe Person nach drei Monaten: Regelmäßiger Sport, Gartenarbeit und die bewusste Entwicklung von Freude am irdischen Leben haben deutlich die Erdung stabilisiert (Magenta). Durch die Reinigung und Stabilisierung des Wurzelchakras haben sich die Intuition und die Verbindung mit der geistigen Führung verstärkt (Weiß, Türkis).

Die unkritische Anpassung an ein dogmatisches System einer esoterischen Schule schwächt den Menschen in seiner Kritikfähigkeit und Unterscheidungskraft und somit in seiner Eigenständigkeit und Freiheit. Auch die Beschäftigung mit Schwarzer Magie, Aberglaube oder fortschreitender Verlust des Bezugs zur Realität sind in diesem Zusammenhang als äußerst kritisch anzusehen.

Bedeutung des Kronenchakras für die Gesundheit

Das Kronenchakra versorgt den gesamten Organismus, die grob- und feinstofflichen Körper gleichermaßen, mit Prana. Ist der Energiestrom dieses Chakras zu schwach, kann dies zu Nervenleiden und chronischen Erkrankungen führen. Sämtliche lebensbedrohlichen Krankheiten haben mit Blockaden in diesem Chakra zu tun.

In der Behandlung von schweren Krankheiten ist es wichtig, die Energie zwischen dem Kronenchakra und dem korrespondierenden Wurzelchakra ins Fließen zu bringen und somit eine Erdung herzustellen. Die Behandlung wird dann ergänzt durch das Einbeziehen des Chakras, das für den gestörten Organbereich zuständig ist.

Die Fotoserie auf den folgenden Seiten zeigt einen deutlichen Entwicklungsprozess, der sich über zwei Jahre erstreckt.

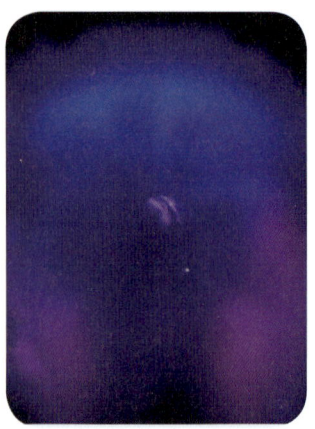

« Dieses Bild offenbart einen starken Erschöpfungszustand, der depressive Verstimmungen auslöst und diesen Menschen in die Weltflucht führt.

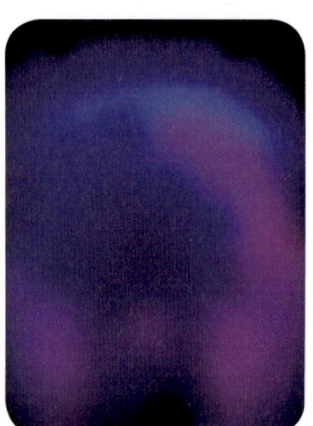

« Bewusste Veränderungen in der Lebensführung haben eine Aufhellung der Stimmung bewirkt, was zur Klärung der Wahrnehmung führte.

« Die weitere Aufarbeitung von Belastungen bewirkte eine allgemeine Stärkung der Chakren.

« Die über längere Zeit konsequent wiederholte Reinigung der Chakren und der Aurakörper hat bei dieser Persönlichkeit eine stete Energieerhöhung bewirkt. Die Verbindung zur geistigen Führung wurde dadurch geklärt und stabilisiert.

« Das letzte Bild zeigt ein sehr ausgeglichenes, hoch schwingendes Energiesystem. Durch regelmäßige Aura- und Chakrenreinigung und eine bewusste Ausrichtung im Leben kann diese Energie gehalten werden.

Häufige gesundheitliche Störungen, die im Zusammenhang mit dem Kronenchakra stehen, sind Kopfschmerzen sowie Migräne durch Energiestau, Konzentrationsstörungen, Verwirrung, Vergesslichkeit, Schlafstörungen, depressive Verstimmungen.

Die Farben

in der Aurafotografie
und die Farbwirkung
auf unser menschliches
Energiesystem

Die Bedeutung der einzelnen Aurafarben

 Rot ist die Farbe des Wurzelchakras.

Rot symbolisiert: Stärke, Aktivität, Kraft, Stabilität, Mut, Kampfgeist, Extrovertiertheit, physische Gesundheit, Erdung, Leidenschaft, sexuelle Kraft etc.

Rot zeigt Anlagen für Berufe, die Durchsetzungskraft erfordern.
Hellrot kann Drachenenergie und schamanisches Wissen anzeigen.

negative Aspekte: Hyperaktivität, Besitzstreben, mangelnde Reflexion, Egoismus, Aggression, Wut, Rohheit, Misstrauen, starke Stresssymptome bis hin zum Burn-out etc.

 Orange ist die Farbe des Sakralchakras.

Orange symbolisiert: Produktivität, Kreativität, Fantasie, Spontanität, Humor, Herzlichkeit, Lebensfreude, Geschäftssinn, künstlerische Fähigkeiten, Geselligkeit, Verantwortungsbewusstsein, Wärme, gutes Körpergefühl, Sexualität, körperliche Kraft, starkes Immunsystem etc.

Orange zeigt Anlagen für Berufe, die Flexibilität und Kreativität erfordern.

Klares Orange kann schamanisches Wissen und die Vereinigung der männlichen und weiblichen Persönlichkeitsanteile anzeigen.

negative Aspekte: Unruhe, Hektik, Aufdringlichkeit, Angeberei, Oberflächlichkeit, Ziellosigkeit, Eifersucht, Beziehungsschwierigkeiten, ungelöste emotionale Themen, Ängste, Unsicherheit, mangelnde Selbstliebe etc.

 **Gelb ist die Farbe des Solarplexuschakras.**

Gelb symbolisiert: Charme, Klugheit, Optimismus, Wärme, Kommunikation, Leichtigkeit, Lebenslust, Offenheit, Freude, Humor, mentale Kreativität, Zielstrebigkeit, Klarheit im Denken, Selbstbewusstsein etc.

Gelb verweist auf Anlagen für Führungspositionen und Berufe, die in technischen oder strukturierenden Arbeitsfeldern angesiedelt sind.

Goldgelb zeigt die Verbindung zur Energieebene der Engelwesen.

negative Aspekte: Unruhe, Intoleranz, Oberflächlichkeit, Egoismus, Ziellosigkeit, Sicherheits-, Kontroll- und Machtstreben, Grübelei, mangelnder Selbstwert, Engstirnigkeit, Ängste, Zweifel etc.

 Grün ist die Farbe des Herzchakras.

Grün symbolisiert: Harmonie, innere Ruhe, Frieden, Sensibilität, Mitgefühl, Zentrierung, Wachstum, friedliche Kommunikation, Selbstakzeptanz, Selbstliebe, Natürlichkeit, Naturverbundenheit, Herzlichkeit etc.

Grün verweist auf Anlagen für helfende, lehrende und heilende sowie Berufe, die mit Natur und Umwelt zu tun haben und Kreativität erfordern.

Klares Grün oder Maigrün zeigt die Verbindung zu Naturwesen oder die Heilkraft der Engel, die in der Aura wirkt und über die auch ein Mensch verfügen kann.

negative Aspekte: Egoismus, Starrsinn, Selbstbezogenheit, Intoleranz, Isolation, Helfersyndrom, Dogmatismus, mangelnde Flexibilität etc.

Blau ist die Farbe, die den Kopfchakren zugeordnet wird.

Blau symbolisiert: Treue, Ruhe, Frieden, Harmonie, Sensibilität, Empathie, Intuition, Diplomatie, Geduld, Integrität, Zuverlässigkeit, Wahrheit, klare Gedanken, Verbindung von Verstand und Intuition, Empathie etc.

Blau verweist auf Anlagen für helfende, lehrende und heilende Berufe.

Hellblau kann Engelenergie oder die Verbindung zu Mutter Maria anzeigen.

negative Aspekte: Trägheit, Überbelastung, Verschlossenheit, Distanziertheit, Unbeweglichkeit, Helfersyndrom, Ermüdung, Gefühlskälte, Grübelei, Selbstzweifel etc.

Indigo (Dunkelblau) ist die Farbe, die dem Dritten Auge zugeordnet wird.

Indigo symbolisiert: tiefe innere Gefühle, Sensitivität, meditatives Bewusstsein, inneres Wissen, Intuition, visionäre Kraft etc.

Indigo verweist auf Anlagen für helfende, lehrende, heilende Berufe und Bereiche, die Innovation und Kreativität erfordern.

Klares Indigo kann den (bewussten) Kontakt zur kosmischen Heimat und die Verbindung zu Erzengel Michael anzeigen.

negative Aspekte: Ängste, Verwirrung, Desorientierung, Weltflucht, Depression, mangelnde emotionale Abgrenzung, Erschöpfung etc.

Die Farben in der Aurafotografie und die Farbwirkung auf unser menschliches Energiesystem

Violett ist die Farbe, die dem Kronenchakra zugeordnet wird.

Violett symbolisiert: Charisma, Spiritualität, Sensibilität, Kreativität, Intuition, Magie, Innovation, Aktivität, Klarheit, Hingabe, Urvertrauen, Demut, Werte, Moral, Vision etc.

Violett verweist auf Anlagen für visionär ausgerichtete Arbeitsbereiche, z. B. in Forschung, Wissenschaft, Technik, aber auch in helfenden, heilenden oder in medialen Bereichen etc.

Reines Violett kann den Kontakt zu Aufgestiegenen Meistern/-innen und Engeln anzeigen.

negative Aspekte: Verträumtheit, mentaler Stress, mangelnde Durchsetzungskraft, Arroganz, Narzissmus, Machthunger, Selbstwertthematik, Süchte, Weltflucht etc.

**Magenta ist die Farbe,
die dem Stirn- und dem Kronenchakra zugeordnet werden kann.**

Magenta symbolisiert: überpersönliche Liebe, Heilkraft, Sanftheit, Selbstvertrauen, Sensitivität, ganzheitliche Wahrnehmung, Vertrauen in das Göttliche etc.

Magenta verweist auf Anlagen für Berufe in heilenden, lehrenden, helfenden Bereichen sowie Arbeitsbereiche, die Kreativität und Innovation erfordern.

Reines Magenta kann die Verbindung zur Christusenergie und zu Erzengel Metatron anzeigen.

negative Aspekte: Schwierigkeiten beim Ausleben der Spiritualität auf Erden, Hypersensibilität, Weltflucht, Erschöpfung der Energiereserven, Genusssucht etc.

**Rosa ist die Farbe,
die dem Herzchakra zugeordnet werden kann.**

Rosa symbolisiert: Sensibilität, Mitgefühl, Empathie, Mütterlichkeit, Fürsorge, Engelenergie etc.

Reines Rosa kann die Verbindung zu Aufgestiegenen Meistern/-innen, speziell zu Mutter Maria und Kuan Yin, anzeigen.

negative Aspekte: Mitleid(en), mangelnde Abgrenzung und Erdung, Selbstwertthematik, wenig Durchsetzungsvermögen, Durchlässigkeit etc.

 **Türkis ist neu in der Aurafotografie, es kann dem
Herzchakra und den Kopfchakren zugeordnet werden.**

Türkis symbolisiert: überpersönliche Liebe, Heilkraft, Kreativität, die meist durch die bewusste Verbindung zur geistigen Welt genährt wird, Transformation in höhere Energiefrequenzen, geistige Führung, Aktivierung der oberen Chakren, Herzenswärme, Nächstenliebe, Achtsamkeit allem Lebendigen und der gesamten Natur gegenüber, Thymusdrüse, Hypophyse, atlantisches Bewusstsein etc.

Reines, klares Türkis zeigt Transformation in hohe Frequenzen; es kann auch die Verbindung zur heilenden Herzenergie von Delfinen oder hohen Engelwesen anzeigen.

negative Aspekte: Durchlässigkeit, mangelnde Erdung, mangelnde Abgrenzung, Mitleid(en) etc.

 **Weiß vereint alle Farben in sich. Es wird dem Herzchakra, den Kopfchakren und dem Erdstern zugeordnet.**

Weiß symbolisiert: Reinheit, Licht, innere Kraft und Stärke, Spiritualität, Heilkraft, Klarheit, hohe Energiefrequenz, Bewusstsein, Verbindung mit Lichtwesen und der göttlichen Quelle.

negative Aspekte: Hypersensibilität, Energiestau, Blockade, Auflösung der Individualität, Zerstreutheit, fehlende Abgrenzung, Weltflucht etc.

 Dunkeltürkis ist eine neue Farbe in der Aurafotografie. Es kann den unteren Chakren zugeordnet werden.

Dunkeltürkis symbolisiert: innere und äußere Veränderungen, Bedürfnis nach Ordnung und Struktur, Sicherheitsbestreben, Wunsch nach Stabilität im Leben, Naturverbundenheit, heilende Fähigkeiten etc.

negative Aspekte: Existenzängste, mangelnde Flexibilität, fehlende innere und äußere Struktur und Klarheit, Ziellosigkeit, Blockaden im Denken und Fühlen, negative Glaubenssätze, Pessimismus, Erstarrung etc.

 Braun spiegelt sich nur in den unteren drei Hauptchakren, Wurzel-, Sakral- und Solarplexuschakra, wider.

Braun symbolisiert: Erdung, Sicherheit und Schutz.

negative Aspekte: emotionale Belastungen, unerlöste Gefühle, Ängste, mangelndes Selbstvertrauen, fehlendes Urvertrauen, Sehnsüchte, Unzufriedenheit, Existenzangst, fehlende Flexibilität, alte, aufgestaute Belastungen, die aus früheren Inkarnationen mitgebracht wurden etc.

Farbkombinationen in der Aurafotografie

In der Aurafotografie konzentriert man sich bei der Auswertung nicht nur auf die einzelnen Farben, sondern ebenso auf die Farbkombinationen, die das jeweilige Bild wiedergibt. Die folgenden Fotos zeigen häufig wiederkehrende Farbkombinationen.

Rot – Orange – Gelb

Dieses Farbenspiel von Rot, Orange und Gelb lässt aktive, kraftvolle Menschen erkennen. Rot in der Aura zeigt ein gewisses Stresspotenzial, was bei der Lebensgestaltung beachtet werden sollte. Die Lebensfreude (Orange, Gelb) dieser Menschen hilft ihnen, humorvoll ihren Weg zu gehen. Obwohl diese Aufnahmen die gleichen Farben vereinen, zeigen sie durch die unterschiedliche Farbaufteilung im Bild verschiedene Persönlichkeitsaspekte.

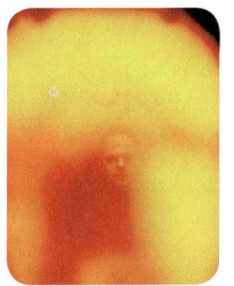  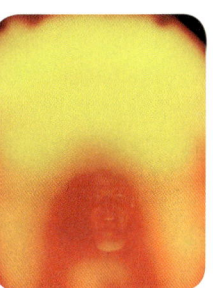 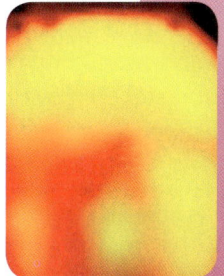

Gelb – Orange – Grün

Gelborange zeigt sich bei aktiven Menschen mit klarem Verstand (Gelb) und guter Intuition (Orange). Sie sind sich ihrer Gefühle (Orangegrün) meistens bewusst und geben ihnen Raum im Leben. Der grüne Farbaspekt zeigt ein offenes Herz, Mitgefühl und eine natürlich gelebte Spiritualität, die in das alltägliche Handeln integriert ist.

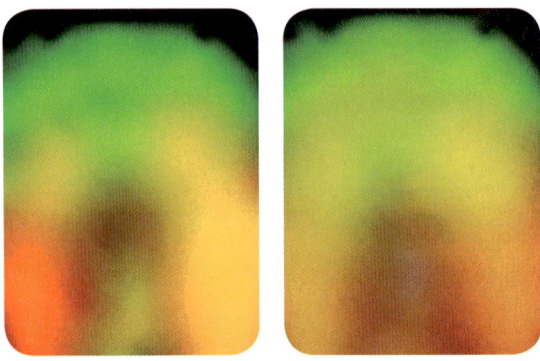

Grün – Gelb

Gelb lässt einen starken, strukturierenden Intellekt erkennen, das Grün zeigt eine klare Intuition, die mit der Verstandesebene gut korrespondiert. Menschen mit dieser Farbkombination in der Aura sind aufrichtig und stellen meist hohe Ansprüche an sich selbst. Es sind starke Persönlichkeiten, die mit ausgeprägtem Feingefühl, Toleranz und Flexibilität andere Menschen führen können.

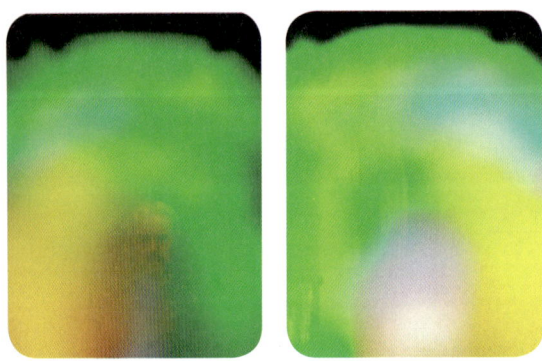

Blau – Violett

Es handelt sich um Persönlichkeiten, die sehr sensibel sind, eine hohe Wahrnehmungsfähigkeit haben und ihre starke Intuition nutzen. Meistens pflegen sie bewusst den Kontakt zur geistigen Welt und lassen sich vertrauensvoll führen. Je mehr violette Anteile im Bild sichtbar sind, desto mehr wird die visionäre Kraft gelebt.

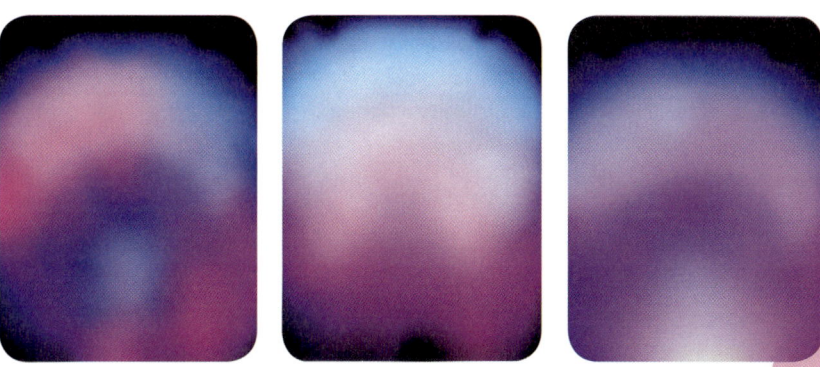

Farben sind lebensnotwendig

Farbe und Licht sind eine Einheit, ohne Licht gäbe es keine Farbe. Sonnenlicht ist für unsere Gesundheit wichtig. Ein anhaltender Mangel an Sonnenlicht führt zu funktionellen Nervenstörungen, Vitamin-D-Mangel, Depressionen sowie einer Schwächung der Abwehrkräfte und kann zur Verschlechterung von chronischen Krankheiten führen. Sonnenlicht fördert die Muskelfunktionen und stimuliert das Immunsystem.

Farben sind Energie und somit eine Quelle der Stärkung, wenn wir sie richtig nutzen. Auch unser menschlicher Körper besteht unter anderem aus diesen Lichtschwingungen, die er über die Aura und die Chakren nach außen hin abgibt. Wir können diese Ausstrahlung spüren. Es gibt Menschen, bei denen wir das Gefühl haben, dass sie uns Kraft geben, andere hingegen empfinden wir als anstrengend. Oder anders ausgedrückt: Den einen empfinden wir als sympathisch, den anderen als unsympathisch, was ebenfalls mit der Lichtschwingung zusammenhängt, die der Mensch ausstrahlt.

Eine optimale Farbenergiequelle ist für uns Menschen die Natur, die eine breite Palette an lebenswichtigen Energien bereithält. Die Farbigkeit regt das Wachstum der Zellen im Körper und verschiedene Drüsenfunktionen an und beeinflusst Nerven und Organe. Die verschiedenen Farben bewirken verschiedene chemische Umwandlungen im Körper.

Der Wissenschaftler Paul Lichtenstein wollte beweisen, dass Farben auch in der Ernährung für den Menschen eine wichtige Rolle spielen. Er ernährte sich einige Zeit lang von sogenannter Weißkost, die außer Wasser nur weiße Lebensmittel enthielt wie Weißbrot, Zucker, Quark, Rettich, Eiweiß von hart gekochten Eiern, Reis, Salz etc. So waren alle lebensnotwendigen Nährstoffe in seiner Nahrung enthalten. Nach einiger Zeit erkrankte er an Magen-Darm-Katarrh. Nachdem er drei Tage wieder verschiedenfarbige Kost gegessen hatte, wurde er ohne medizinische Behandlung wieder gesund. Untersuchungen weisen inzwischen darauf hin, dass unter anderem auch die Frühjahrsmüdigkeit auf Farbmangel zurückzuführen ist.

In vielen Kulturen wird auf die Wichtigkeit der Farben und ihre starke Symbolkraft verwiesen. Goethe erarbeitete die Farblehre und schuf damit eine Grundlage für die Farbpsychologie. In der modernen Wissenschaft wurde die Farbtherapie entwickelt, die bei bestimmten Krankheiten mit Farbbestrahlungen arbeitet. Das Wissen über die Farbwirkung können wir heute wunderbar in der Raumgestaltung und in der energetischen Behandlung nutzen.

Über unsere sieben Hauptchakren tragen wir Menschen auch die Schwingungen der sieben Farben des Regenbogens in uns und strahlen diese aus, was über die Aurafotografie sichtbar gemacht wird.

Jede Farbe hat positive und negative Eigenschaften und Wirkungen. Eine fast vollständige Konzentration auf eine Farbe in der Kleidung oder in der Wohnungseinrichtung weist entweder auf die negativen Eigenschaften der Person hin oder darauf, dass unbewusst versucht wird, die fehlenden Qualitäten dieser Farbe im eigenen Energiekörper auszugleichen.

Farbe ist ein Element, welches der Körper, der Geist und die Seele leicht annehmen und verwerten können. Das Heilen von innen z. B. über eine Farbmeditation kann sehr effektiv sein. Hier einige Grundsätze, die bei der Behandlung mit Farben beachtet werden sollten:

Farben können auf verschiedenen Wegen von Körper, Geist und Seele aufgenommen werden wie durch Nahrung, Sonnenlicht, Farbbestrahlung, Farbbaden, Farbvisualisierung, Farbatmung oder Farbmeditation. Jede Farbe beeinflusst unterschiedlich, da jede Farbe eine andere Schwingungsfrequenz aussendet; je reiner die Farbe ist, desto größer ist ihre Wirkung. Das Aufladen und Ausbalancieren der Chakren kann gut über die Behandlung mit Farben ergänzt werden.

Die Veränderungen

unseres Chakrensystems
durch die
Energieerhöhung

Das erweiterte Chakrensystem

Nach der vedischen Chakrenlehre gibt es nicht nur die sieben Hauptchakren, sondern auch unzählige Nebenchakren, die unser Energiesystem vervollständigen. Einige dieser Nebenchakren werden durch die Energieerhöhung, die gerade stattfindet, aktiviert. Die Aktivierung dieser Chakren bzw. die Frequenzanpassung unseres Energiesystems geschieht bei jedem Menschen, egal, ob man sich dessen bewusst ist oder nicht. Der Entwicklungsprozess in höhere Schwingungsbereiche kann bewusst unterstützt werden.

Seit etwa 2006 kann man in der Aurafotografie verstärkt Veränderungen durch die genannten Entwicklungen beobachten. Vor allem neue Farbkonstellationen und auch Farben wie Magenta, Türkis, Dunkeltürkis, Lavendel, Rosa und Weiß sind bei wesentlich mehr Menschen in den Aufnahmen sichtbar. Die Auraorbs sind in diesem Zusammenhang ebenfalls zu erwähnen. Vereinzelt zeigen sich Schutzengel bzw. kosmische Energien sehr deutlich in der Aura.

Der Erdstern

Der Erdstern ist ein außerkörperliches Chakra, das direkt unter den Füßen beginnt und je nach Aktivität bis zu 20 Zentimeter weit ausstrahlen kann. Er ist unser »Samenchakra«, das unser kosmisches Potenzial enthält, und das, sofern wir uns mit dieser Kraft verbinden, »keimen« kann. Sobald unsere Erdung in der höheren/neuen Frequenz stabil ist, sind wir in der Lage, unsere Lebensaufgabe zu erkennen. Wird diese bewusst angenommen, zeigen sich Wege, diese, d. h. unsere Bestimmung, zu leben. Nun ist es möglich, das göttliche Potenzial, das in dieser Saat gespeichert ist, zu entfalten. Um diesen Entwicklungsweg zu beschreiten, stehen uns hilfreiche Engel und Lichtwesen zur Seite, wenn wir um ihre Unterstützung bitten.

Auf den folgenden Aurafotos erscheint der Erdstern als helle bis weiße Halbkugel in der Mitte des unteren Bildrandes. Dieses Energiezentrum strahlt bis in das Herzchakra und manchmal darüber hinaus. Ist der Erdstern stabil, verbindet er sich mit den unteren drei Chakren.

Die Verbindung zum Erdstern lässt uns spirituell wachsen, bzw. eine spirituelle Ausrichtung des Lebens ist Voraussetzung für die Erweckung dieses Chakras.

Über dieses Chakra können wir einen Energiekanal bis zum Erdmittelpunkt, der innersten Kristallkammer und dem Herzen von Lady Gaia, aussenden, um uns mit kosmischer Erdenergie aufzuladen. Dies ist eine wichtige Voraussetzung, um die übrigen Chakren in höhere Schwingung zu versetzten bzw. um sie bis in die Tiefen des Zellsystems und über Raum und Zeit hinweg zu reinigen.

Diese zwei Fotos wurden im Abstand von sechs Monaten von der gleichen Person aufgenommen, die bewusst mit energetischen Übungen an der Öffnung des Erdsterns und der Aktivierung des Lichtkörpers gearbeitet hat.

Hier wurden eine Energieerhöhung und die Öffnung des Erdsterns über das Ablösen belastender Emotionen und die Öffnung des Herzens erreicht.

Die Aktivierung und Stabilisierung dieses Energiezentrums kann einige Zeit erfordern. Dieser Entwicklungsprozess wird von den aktuellen und vergangenen Lebensumständen, der körperlichen und emotionalen Befindlichkeit sowie der Wahrnehmungsfähigkeit des Menschen beeinflusst. Die Instabilität dauert so lange an, bis die Verbindungskanäle zum Erdstern von alten »Schlacken« gereinigt sind, was immer mit der Reinigung und Läuterung der drei Basischakren (Wurzel-, Sakral- und Nabelchakra) und dem Herzchakra einhergeht.

Viele Kinder, die etwa ab dem Jahr 2000 geboren wurden, bringen dieses für uns neue Chakrensystem mit.

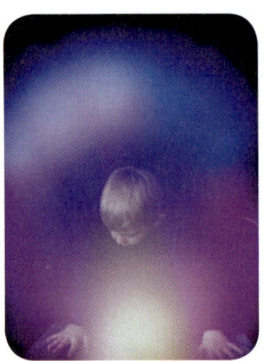  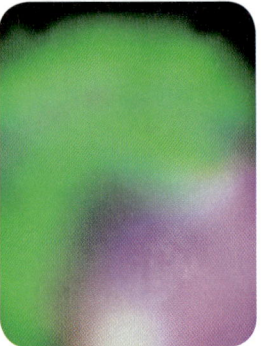

Sakralchakra – Yin und Yang

Farben: helles Kupfer, Weiß

Roy Martina* beschreibt in »Die Chakren im Wassermannzeitalter« zwei neue Chakren im Bereich des Sakralchakras. Er beschreibt sie als Yang, männliche Sexualität, und Yin, weibliche Sexualität.

Im Sakralchakra eines jeden Menschen befinden sich ein männlicher und ein weiblicher Anteil. Die aktuelle Zeitqualität fördert die Entwicklung bzw. Bewusstwerdung der männlichen und der weiblichen Seite. Die Gesellschaftssysteme werden nach wie vor von der männlichen Yang-Qualität dominiert. Macht, intellektuelle Intelligenz und ähnliche Eigenschaften stehen im Vordergrund und finden verstärkt Anerkennung.

 * Martina, Roy: *Die Chakren im Wassermannzeitalter*, Koha Verlag 2001, S. 65–84

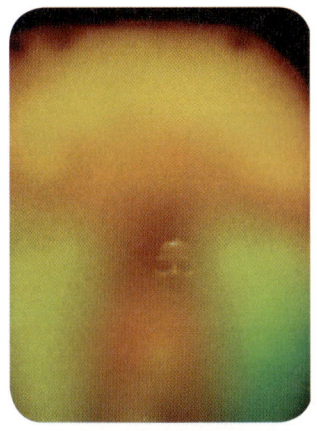

« Das Foto zeigt eine Frau, die eine Führungsposition in einem von Männern dominierten Arbeitsfeld innehat. Das trübe Braungelb und das trübe Orange lassen die Anstrengung erkennen, sich im männlich, intellektuell geprägten Umfeld zu behaupten. Sie passt sich an und unterdrückt ihre weiblichen Persönlichkeitsanteile (Grün).

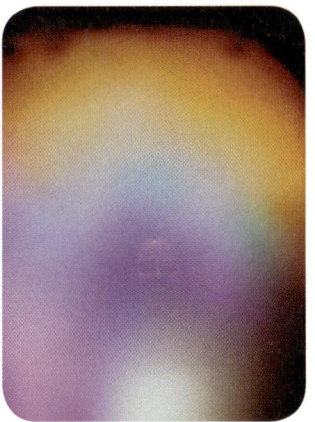

« Dieses Foto ist ca. zwei Jahre später entstanden: Durch Burn-out (noch im Dunkelbraun zu sehen) war die Frau gezwungen, ihr Leben in allen Bereichen zu überprüfen. Sie hat eine Auszeit genutzt, sich als Frau mit all ihren Qualitäten in Liebe anzunehmen (Rosa, Türkis). Durch diesen Prozess wurden ihr Erdstern und das Herzchakra aktiviert. Es ist ihr gelungen, ihre Ying- und Yang-Anteile in Balance zu bringen (kupferfarbener Bogen).

Mit diesem Prozess geht ebenfalls die Heilung des Inneren Kindes einher. Das Innere Kind ist der Persönlichkeitsanteil, in dem alle Erfahrungen und Emotionen aus der Kindheit gespeichert sind, so auch frühe Verletzungen, Ängste und anerzogene Verhaltensmuster.

Diese beiden Bilder verdeutlichen den Prozess der Schwingungserhöhung (Orange, Rot, Violett).

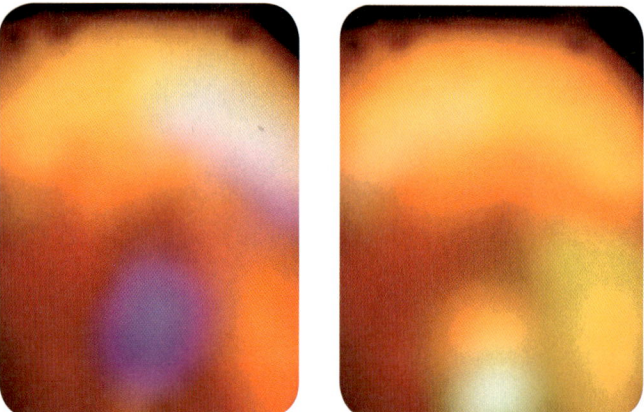

Die ansteigende Energiefrequenz macht ein Verdrängen der verletzten Kindheitserinnerungen und -traumata zunehmend schwieriger, da auch die Verletzungen und Traumata aus der Kindheit, die oft tief verschüttet sind, geheilt werden sollen. Das Innere Kind beherbergt die Kreativität, Lebensfreude, Flexibilität und Abenteuerlust.

Das vereinigte Herzchakra

Farben: Weiß, Rosa, Hellblau, Türkis
Die Öffnung des Herzchakras durch die Entwicklung von Herzensqualitäten ist ein entscheidender Schritt zur Entwicklung des Lichtkörpers.

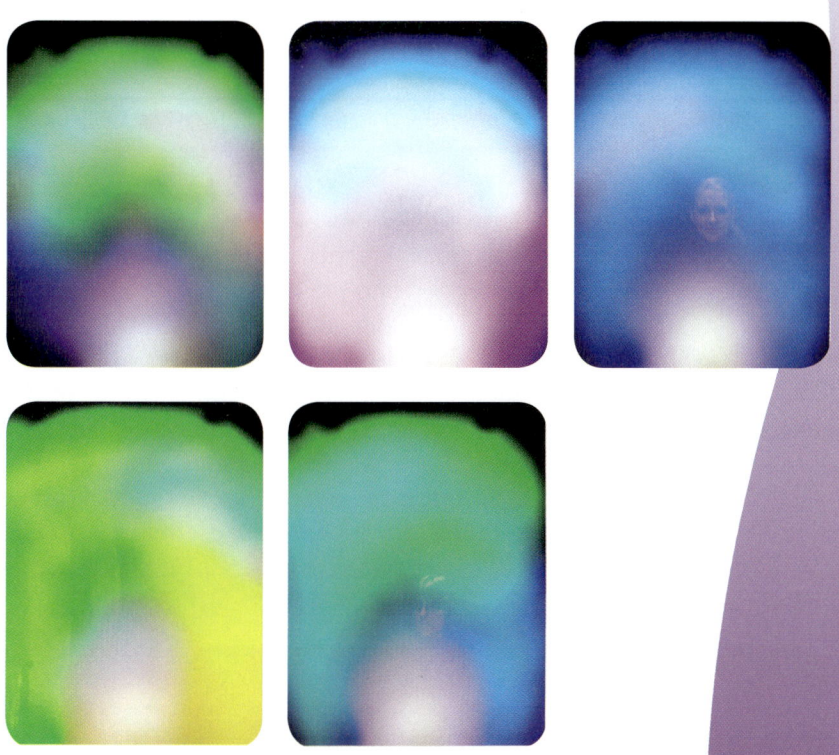

Das Herzchakra liegt im Zentrum unseres Energiesystems. Es ist ein sehr wichtiges Energiezentrum, da es die Verbindung zwischen den unteren und den oberen Chakren herstellt und damit niederes mit höherem Bewusstsein vereint.

Die Herzöffnung und die damit einhergehende Entwicklung der Sensibilität fördern Toleranz und Mitgefühl. Diese Eigenschaften helfen, inneren Frieden zu finden und das Leben im Hier und Jetzt in Harmonie zu gestalten. Ist der innere Frieden im Herzen verankert, wirkt die Herzenergie auch auf die Umgebung des Menschen, sodass entsprechend dem Resonanzgesetz das Leben von Liebe und Frieden erfüllt wird.

Die Voraussetzung für die Entwicklung des vereinigten Herzchakras ist die Klärung der Emotionen, die Reinigung der unteren drei Chakren von allen Belastungen und Anhaftungen und die Öffnung des Omegachakras, das sich außerhalb der Knie und neben diesen befindet.

Folgende Bilder geben ein gutes Beispiel: Das linke Foto offenbart starke Belastungen. Nach ca. sechs Monaten (rechtes Foto) sind das Wurzel-, das Sakral- und das Solarplexuschakra weitestgehend gereinigt, was auch die Kniechakren (Nebenchakren des ersten Chakras) von Angst befreit hat. Nun können sie kraftvoll schwingen. Bei diesem Prozess wird das vereinigte Herzchakra aktiviert (weißrosa Kugel, hellblaue Aura), was gleichzeitig die Frequenz der Kopfchakren anhebt.

Omegachakra

Farbe: Weiß, Rauchblau, Maigrün

Das Omegachakra befindet sich im Kniebereich und ist nicht bei jedem Menschen aktiv. In der Kniekehle blockieren oft Ängste den Energiefluss der Nadis (Meridiane).

Dieses Energiezentrum führt uns auf dem spirituellen Weg voran und hilft, die Verbindung zum Herzen der Erde zu knüpfen und aufrechtzuerhalten.

Durch die stete Reinigung und der damit einhergehenden Energieerhöhung der Chakren ist es möglich, sich über das Omegachakra mit der holografischen Ebene des Planeten Erde sowie mit dem eigenen holografischen Gitternetz zu verbinden. Das eigene holografische Gitternetz ist dann weitgehend von karmischen Belastungen gereinigt. Wenn das Alphachakra (neues Kopfchakra) geöffnet ist, ist es möglich, einen steten Lichtkanal zu errichten. Der Lichtkanal verläuft durch die Pranaröhre entlang der Wirbelsäule durch alle Chakren – nach oben in die himmlischen Sphären, nach unten bis ins Herz von Mutter Erde. So werden wir stets mit der himmlischen Energie und der mütterlichen, nährenden Energie aus dem Herzen der Erde versorgt. Der Lichtkanal verleiht uns kontinuierlich Kraft, gibt uns Schutz und Führung.

Die Kopfchakren vereinigen sich in ihrer Ausstrahlung im oberen Bildbogen. Ihre Entwicklung ist vor allem im Farbenspiel der Auraaufnahme
abzulesen.

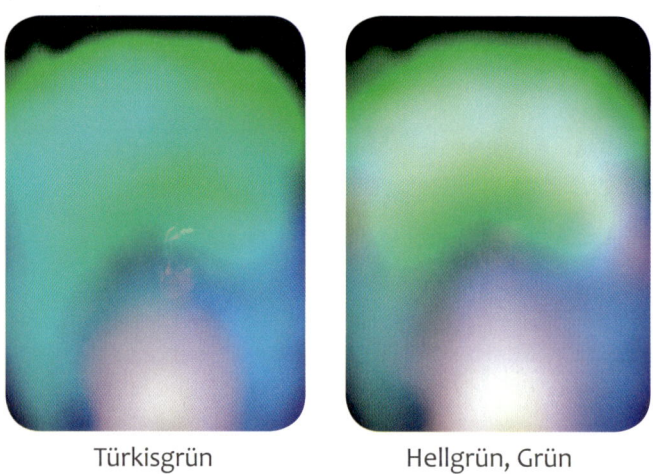

| Türkisgrün | Hellgrün, Grün |

Das kosmische Tor

Farben: Weiß, Türkis, Rosa, Hellblau
Dieses Chakra befindet sich in der Mitte des Hinterkopfes am Übergang
zum Nacken. An dieser Stelle ist eine Kuhle zu ertasten. Es ist ein Neben-
chakra des Halschakras und wird in seiner Bedeutung und Funktion für
die neue Zeitqualität immer wichtiger. Hier befindet sich das verlänger-
te Mark, die Medulla oblongata, die auf der körperlichen Ebene für den
Blutkreislauf, die Atmung, den Nies-, Schluck- und Saugreflex zuständig
ist. Dieser Teil des hinteren Gehirns gehört zum Zentralnervensystem.

Auf der Aurafotografie ist dieses Energiezentrum in der oberen Bildhälfte und im individuellen Farbenspiel zu erkennen, das sich über dem Kopf
des Menschen zeigt.

Diese drei Bilder weisen in der oberen Bildmitte helle Farbbögen auf, die sich über den Köpfen der Personen zeigen. Die hellen, klaren Farbnuancen in Blau, Türkis, Grün und Weiß zeigen jeweils ein aktives kosmisches Tor, das mit den übrigen Chakren in Verbindung ist.

Dieses Chakra ist eine »Empfangsstation« für sämtliche Reize und Informationen, auch von kosmischen Impulsen. Die Inspirationen aus der geistigen Welt werden hier so transformiert, dass wir sie verstehen und sie dann in unser Handeln einfließen lassen können.

Hier wird bei Einweihungsritualen der Kanal geöffnet, damit die universelle Energie stets durch den Körper und die Chakren fließen kann.

Die Aktivierung dieses Chakras führt zu Flexibilität und Klarheit im Denken und Fühlen. Hier ist die intellektuelle mit der emotionalen Intelligenz vereint.

Das kosmische Tor hat eine zentrale Funktion in der Entwicklung der Kopfchakren. Hier verbinden sich die Energiekanäle (Nadis), die zur Erweckung der höheren Chakren im Kopfbereich notwendig sind, und sie werden von hier aus in ihrer Zusammenarbeit gesteuert. Roy Martina bezeichnet dieses Energiezentrum als kosmischen Übergang (Martina: *Die Chakren im Wassermannzeitalter*, S. 115–121).

Die Transformationsprozesse, die in den oberen Chakren stattfinden, erscheinen auf der Aurafotografie häufig in Weiß, Türkis, Maigrün, Hellblau, Violett, Magenta und Rosa.

Dieses Aurafoto lässt erkennen, dass in allen Chakren- und Aurabereichen Entwicklungsprozesse stattfinden, die durch das Grün und das Türkis im Kopfbereich und die weiteren verschiedenen Farben des Gesamtbildes dargestellt werden.

Die Aufarbeitung alter emotionaler Belastungen und damit die Öffnung des Erdsterns (brauner Halbkreis unten mittig) und die Aktivierung des Herzchakras (hellblauer Bereich in Bildmitte) sind zu sehen. Das Violett zeigt die Heilung der Vergangenheit, die Heilung des Inneren Kindes.

Die neuen Kopfchakren

Eines der Kopfchakren ist das Alphachakra*.
Das Alphachakra befindet sich etwa 15–20 Zentimeter über und fünf Zentimeter vor der Kopfmitte. Über dieses Chakra sind wir mit unserem unsterblichen Lichtkörper und der fünften Dimension verbunden. Wenn es geöffnet ist, erhalten wir über dieses Energiezentrum Informationen aus den »lichten Ebenen«, was uns beim Aufstieg unterstützt.

Über dieses Energiezentrum können wir mit unserer Seelenfamilie, der Monade, korrespondieren. In Verbindung mit dem Omegachakra ist es möglich, karmische Programmierungen zu löschen. Voraussetzung dafür ist allerdings die Durchlichtung und Reinigung von Wurzel-, Sakral- und Solarplexuschakra, also der unteren drei Hauptchakren, die uns durch die Inkarnationen der Dualität leiten.

* Diana Cooper bezeichnet dieses Chakra in ihrem Buch 2012 (S. 61) als »Seelenstern«

Der obere Strahlenbogen lässt die Öffnung der Kopfchakren erkennen, die sich in den Aurafotos in individueller Farbgebung spiegeln, wie diese Bildbeispiele zeigen: In den hellen, klaren Farben der oberen Bildhälfte der oberen drei Aurafotos sind sehr deutlich die Verbindungskanäle zur geistigen Welt zu erkennen. Es sind Menschen, die bewusst in Kontakt mit ihrer Lichtfamilie (Monade) stehen und sich vertrauensvoll führen lassen.

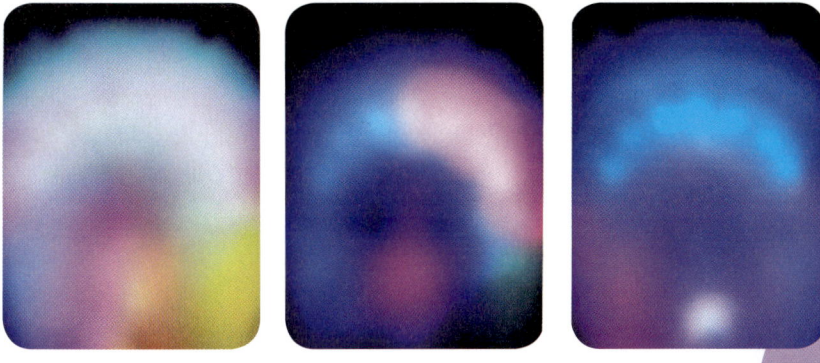

Auf den beiden unteren Aufnahmen ist der bewusste Kontakt zur Monade in den lichten Farbnuancen des oberen Teils des jeweiligen Aurafotos deutlich abzulesen.

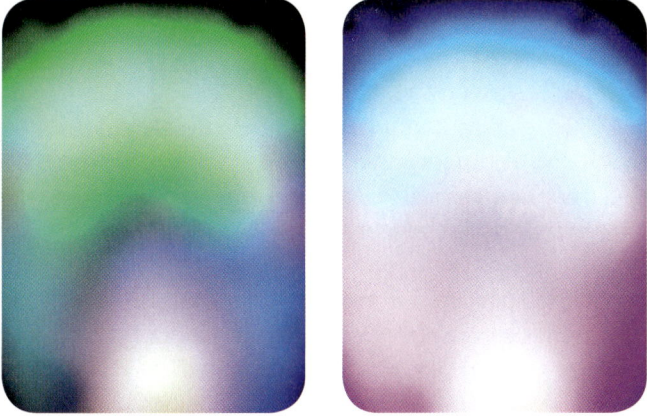

Ein weiteres Chakra ist das Sternentorchakra.
Es befindet sich etwa 20 Zentimeter über der Mitte des Kopfes und über dem Kronenchakra. Diana Cooper benennt dieses Chakra als »Sternentor« (Cooper: 2012, S. 62). Es ist das Chakra, aus dem unsere Lichtsäule entspringt, welche durch unsere Pranaröhre die Wirbelsäule entlang und durch alle Chakren verläuft. Mithilfe dieses Chakras können wir uns mit dem Christusbewusstsein und dem Herzen von Mutter Erde, Lady Gaia, verbinden; so kommen wir der göttlichen Quelle nah. Für die Errichtung der Lichtsäule müssen – wie bereits erwähnt – das Alpha- und das Omegachakra geöffnet sein. Sind diese Chakren offen, bzw. hat sich die Lichtsäule in uns stabilisiert, fließen hohe Lichtfrequenzen in uns ein. Diese Wellen der himmlischen Energiefrequenz durchfluten das gesamte Energiesystem mit göttlichem Licht und bewirken damit die Verbindung zum unsterblichen Lichtkörper.

Der Lichtkörper

Der Lichtkörperprozess ist die Anpassung unseres Energiesystems und unseres physischen Körpers an die globale Energieerhöhung. Die Zeitenwende hat eine Evolution ausgelöst, die auf allen Ebenen des Lebens zu beobachten ist – bei jedem einzelnen Menschen, in jeder Gesellschaft, weltweit. Bei Mutter Erde lassen sich Veränderungen im Magnetismus anhand von Umwelt- und Wetterkapriolen erkennen. Bei den Menschen nehmen Turbulenzen und Veränderungen im Leben zu. Zudem hat man das Gefühl, die Zeit verginge schneller, d. h. die Tage wären kürzer, die Anforderungen aber würden gleichzeitig steigen.

Was bedeutet der Lichtkörperprozess für uns Menschen?
Um unser Energiesystem zu verändern, arbeiten wir an der Heilung und Transformation unserer Chakren.

Diese beiden Bilder bilden sehr deutlich den Reinigungsprozess der Aura eines Menschen ab.

Die Ablösung der Blockaden, Anhaftungen und Traumata mithilfe von verschiedenen Übungen und durch Bewusstseinsschulung (siehe Übungskatalog) erhöht die Schwingungsfrequenzen aller Energiezentren und Aurakörper und damit ebenfalls die Schwingung des Bewusstseins.

Auch in dieser Phase der Entwicklung des Lichtkörpers spielt das Herzchakra eine zentrale Rolle. Der Heilungsprozess wird von hier aus gesteuert. Die Entwicklung und das Bewusstsein der Herzensqualitäten und die Öffnung des vereinigten Herzchakras sind die Voraussetzungen für den weiteren Lichtkörperprozess.

Durch den Reinigungsprozess können die Chakren mehr Energie aufnehmen und abgeben. Die höhere Schwingungsfrequenz hat zur Folge, dass sich ihre Form von kegel- oder trichterförmig zu kugelförmig verändert. So können sich die Chakren in alle Richtungen drehen. Diese sogenannten Lichtkugeln sind auf einigen Aurafotografien schon sehr gut zu erkennen, wie die unteren Bilder zeigen.

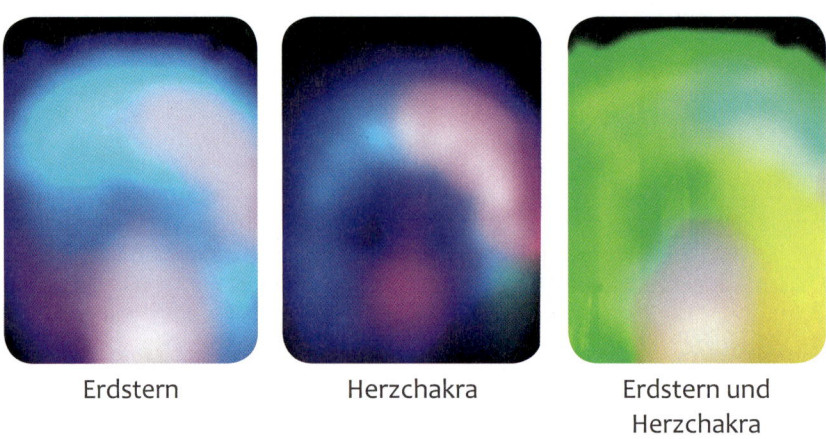

| Erdstern | Herzchakra | Erdstern und Herzchakra |

Sobald die Chakren in der Kugelform geöffnet und stabilisiert sind, werden neue und höhere Energien und damit höhere Informationen empfangen, da nun eine Resonanz für kosmische Frequenzen geschaffen wurde. Werden diese kosmischen Energien mehr und mehr in das Chakren- und Aurasystem integriert, was durch Bewusstseinsprozesse geschieht, so verändern sich auch die feinstofflichen Körper.

Sobald belastendes Karma abgelöst wird, kann die Befreiung aus blockierenden Familiensystemen geschehen. Die Ahnenlinie kann heilen, was zur Folge hat, dass eigene verirrte Seelenaspekte wieder integriert werden. Diese Heilungsprozesse heben Blockaden auf, was den Menschen in seine göttliche Kraft finden lässt. Nun können der Emotional-, der Mental- und der spirituelle Körper zu einem vereinigten Energiefeld verschmelzen.

Die Voraussetzung für den Lichtkörperprozess ist, den physischen Körper und das irdische Leben in Liebe anzunehmen. Das alltägliche Leben ist unsere Bühne, auf welcher wir unsere Lernaufgaben präsentiert bekommen. Durch Erfahrungen gelangen wir zu Erkenntnissen. Gleichermaßen dient das Lösen karmischer Aspekte dazu, unsere Existenz auf allen Ebenen über Raum und Zeit hinweg zu durchlichten.

Der physische Körper ist ein Vehikel, das uns ermöglicht, über das Spüren und das Erfahren in diese Aufgaben hineinzufinden. Der Körper kann in dieser Entwicklungs- und Heilungsphase unterschiedlichste Symptome zeigen wie z. B. Stoffwechselstörungen, Kopf- oder Rückenschmerzen, Schlafstörungen, starke Müdigkeit, Schwindel, Konzentrationsstörungen, Nasennebenhöhlenentzündung, Burn-out etc. Diese Symptome werden häufig nicht in Zusammenhang mit dem Lichtkörperprozess gebracht, doch muss der physische Körper die Veränderungen verarbeiten und sein Zellsystem von alten Programmierungen reinigen, was eben auch über Krankheitssymptome und deren Überwindung geschieht. Man kann das eigene Energiesystem durch Übungen zur Chakrenreinigung aktivieren, um die Heilung und damit den Lichtkörperprozess zu unterstützen. Durch die Verbindung über das Höhere Selbst mit der geistigen Führung wird diese Entwicklung ebenfalls gefördert.

Die neuen Aurafarben, die sich durch die Schwingungserhöhung entwickeln, werden hell sein, dabei jedoch sehr kraftvoll in allen Regenbogenfarben erstrahlen. Wir dürfen gespannt sein, wie die Entwicklung unseres Energiekörpers in den nächsten Jahren voranschreiten wird und welche wunderbaren Überraschungen dabei den menschlichen Lebensweg begleiten werden. Wenn die Menschheit mit einem vereinigten Herzchakra lebt, werden all unser Tun und alles Sein von Liebe getragen.

Lichtkinder

Während der letzten drei Jahrzehnte konnte man beobachten, dass die Kinder, die geboren werden, zunehmend andere Wesensarten und ein anderes Bewusstsein mit auf die Erde bringen. Diese Kinder scheinen meist sehr starke und klare Persönlichkeiten zu sein, die oft mit einem stabileren Selbstbewusstsein ausgestattet sind als die Generationen zuvor.

Seit ca. 1980 werden die »Indigokinder« geboren – zu erkennen am Indigoblau und Violett in ihrer Aura.

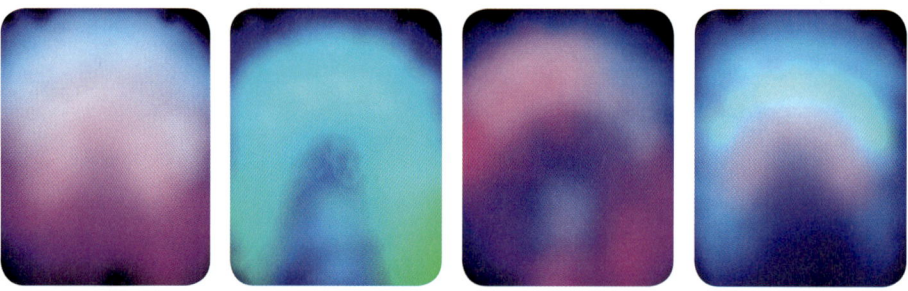

Die Indigopersönlichkeit will nach höheren Prinzipien leben. Sie ist sehr intuitiv, kreativ, leidenschaftlich, offen und sozial. Ihr Verständnis und ihr Mitgefühl für alles Lebendige sind ausgeprägt. Sie hat ein inneres Gefühl für Wahrheit, und sie lässt sich in vielen Lebensbereichen durch ihre Intuition führen. Oft fühlt sie sich fremd in dieser Welt, was zu Desorientierung und in die Depression führen kann.

Seit ca. 1990 werden die sogenannten Kristallkinder geboren – zu erkennen an den sehr hellen Aurafarben.

Die Kristallpersönlichkeit gilt als großzügig, fröhlich und sehr sensibel. Sie ist medial begabt und bringt altes Wissen mit auf die Erde, an welches sie sich bewusst erinnern kann. Sie ist meist ein bezaubernder Mensch, der ausgleichend auf seine Umgebung einwirkt, ohne konkret etwas dafür tun zu müssen. Ihre Durchlässigkeit für Energien kann für sie sehr anstrengend sein, falls sie nicht gelernt hat, sich zu zentrieren und ihre Aura zu reinigen.

Seit ca. 2000 werden die sogenannten Regenbogenkinder geboren. Ihre Aura kann in allen Regenbogenfarben strahlen.

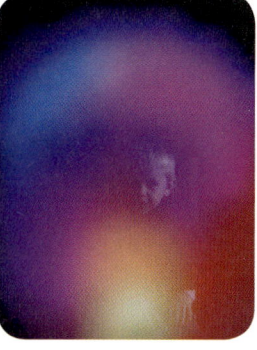

Die Regenbogenkinder sind sehr emotional, hochsensibel und hellfühlig und/oder hellsichtig. Sie bringen die Anlagen für das erweiterte Chakrensystem mit auf die Erde. Da sie sehr empfindsam und durchlässig sind, brauchen sie ein stabiles Umfeld, in dem sie sich in Geborgenheit und Ruhe regenerieren können. Über Kreativität und das Erleben der Natur können sie sich gut zentrieren. Ihr offenes Herz und das ausgeprägte Empfinden für Gerechtigkeit und Wahrheit bringen sie häufig in Konflikt mit ihrer Umwelt. Das Erkennen von Unstimmigkeiten bereitet ihnen sofort Stress.

Ein kleiner Junge, geboren im Jahr 2007:

« Auf diesem Foto ist er acht Tage alt, er ist noch nicht im Körper angekommen, nicht geerdet.

« Hier ist er sieben Monate alt, er kommt allmählich im Körper an, was die Farben Orange und Rot zeigen

Beide Bilder offenbaren im oberen Farbbogen (Indigoblau) ein aktives Drittes Auge und damit eine starke Intuition und eine gute Verbindung zur Seelenfamilie (Monade). Das helle, klare Orange zeigt ein sehr emotionales Kind, das viel Kreativität in dieses Leben mitbringt. Es lebt die Kreativität in seiner reichen Fantasie aus, was es zu einem beliebten Spielpartner macht, da es immer mit neuen Ideen inspiriert. Das Magenta zeigt die ausgeprägten Herzensqualitäten und die Empathie dieses Kindes. Für sein Alter hat es ein erstaunliches Sozialverhalten und einen starken Gerechtigkeitssinn. Im Magenta lässt sich ebenfalls die Verbindung zur Christusenergie ablesen. Dieses Kind liebt Engel, die es als seine Begleiter bewusst wahrnehmen kann. Das Bild, das es mit zwei Jahren zeigt, spiegelt in der braunen Farbe im Erdstern seine Laktoseunverträglichkeit. Durch entsprechende Umstellungen in der Ernährung konnte sich sein Stoffwechsel regenerieren. Durch die Reinigung des physischen Körpers hat sich die Erdung stabilisiert (Bild mit 4 Jahren); der Erdstern erscheint nun in Weiß.

Zwei Jahre alt

Vier Jahre alt

 « Dieses Bild zeigt das Kind mit viereinhalb Jahren. Seine Sensibilität und die hohe Wahrnehmungsfähigkeit zeigen sich in den Farben Indigoblau, Blau und Magenta. Das Kupferfarbene lässt erkennen, dass der Ausdruck seiner Kreativität eine Herzensangelegenheit für es ist. Seine Sensibilität und Hellfühligkeit bzw. Hellsichtigkeit (Blau und Magenta) lösen bei ihm immer wieder Überforderung und Stress (Rot) aus. Der hellbraune Schatten im Erdstern zeigt ein empfindliches Stoffwechselsystem. Sein Magen-Darm-Trakt reagiert sehr empfindlich auf alle künstlichen Zusatzstoffe wie z. B. Geschmacksverstärker, Konservierungsstoffe etc. und Zucker in der Nahrung (Bestätigung der Mutter).

Lichtkinder bringen die Erinnerung an frühere Inkarnationen, das Bewusstsein für Gerechtigkeit und Herzensqualitäten mit. Bei ihnen geht es darum, sich diese Eigenschaften und das Wissen zu erhalten und weiterzuentwickeln.

Ihre Feinfühligkeit ist oft so stark ausgeprägt, dass sie in der Lage sind, spontan und intuitiv Energien zu erfassen. Sie spüren klar die Aufrichtigkeit der Menschen, sie spiegeln sehr direkt deren Empfindungen wider, sie sind dabei absolut authentisch. Die Reaktionen auf ihre Ehrlichkeit sind für sie nicht immer einfach zu verkraften. Durch ihre Reizoffenheit nehmen sie entsprechend viele Impulse auf, sodass sie im Vergleich zu weniger sensiblen Menschen mehr zu verarbeiten haben. Viele dieser Lichtkinder bringen heilerische Fähigkeiten mit. Je nachdem, in welche Umgebung sie hineingeboren und mit welchen Aufgaben sie konfrontiert werden, können sie ihre Fähigkeiten und Anlagen zur Blüte bringen. Werden sie in einer Atmosphäre groß, in der die geistige Welt ignoriert wird, bringt sie das oft in Zwiespalt und in das Gefühl, mit ihnen stimme etwas nicht. Für Lichtkinder ist es wichtig, dass sie von Erwachsenen begleitet werden, die um diese Phänomene wissen, da sie Unterstützung brauchen, um ihre Wahrnehmungsfähigkeit weiterzuentwickeln.

« Die gesamte Farbkombination lässt ein sehr sensibles, herzliches und intuitives Kind erkennen. Das Rot lässt auf Anspannung durch äußere Einflüsse schließen.

Konzentrationsstörungen, Unruhe, Motivationsdefizite etc. haben bei Kindern und Jugendlichen stark zugenommen. Hoher Medienkonsum trägt bei vielen dieser sensiblen Persönlichkeiten zur Reizüberflutung bei, was die oben genannten Symptome verstärkt. Da diese Menschen empfindlich auf Energien reagieren, leiden sie auch häufig körperlich unter Elektrosmog, was sich in Stresssymptomen äußert.

Diese beiden Bilder zeigen junge Erwachsene mit hoher Sensibilität (Magenta, weiße Orbs), die jedoch blockiert wird durch Reizüberflutung, was bei beiden zeitweise zu ADS-Symptomen führt (Dunkelrot über dem Kopf). Dieses Farbenspiel zeigt sich häufig bei belasteten Lichtkindern.

ADS/H wird immer häufiger diagnostiziert. Aus meiner pädagogisch-therapeutischen Arbeit mit Kindern, Jugendlichen und jungen Erwachsenen weiß ich, dass sich unter den Betroffenen sehr viele Lichtkinder befinden. Für sie ist Erdung elementar wichtig, denn viele von ihnen sind noch nicht in ihrem Körper angekommen. Hierbei helfen ihnen viel Bewegung und Sport – am besten draußen in der Natur. Yoga ist ebenfalls ein wirkungsvoller Weg, um über die Bewegung in die Ruhe zu finden. Wird es spielerisch geübt, ist es für sie eine Kraftquelle, die ihnen hilft, bei sich selbst anzukommen. Zudem werden im Yoga beide Gehirnhälften stimuliert, sodass sich diese besser vernetzen können. Damit werden die intellektuelle und die emotionale Intelligenz sowie die Konzentrationsfähigkeit gefördert. Die Aura- und die Chakrenreinigung helfen ihnen, Fremdenergien, die sie im Laufe des Tages aufgenommen haben, abzulösen.

Für Lichtkinder sind klar überschaubare, sich wiederholende Abläufe im Alltag eine gute Orientierung. Die Aussagen der Erwachsenen müssen präzise, verlässlich und aufrichtig sein. Da sie Emotionen anderer Menschen spüren, brauchen sie authentische erwachsene Begleiter in ihrer Erziehung. Lichtkinder benötigen besonders liebevolle Zuwendung und meist auch viel Körperkontakt. Die Verbindung zu ihren Engeln und kosmischen Begleitern gibt ihnen Sicherheit und Trost.

Übungskatalog

zur Reinigung und Aktivierung der Aura und der Chakren

Übungen und Möglichkeiten zur Stärkung des Ätherkörpers und des Wurzelchakras

Für die Aktivierung und Stabilisierung des ersten Chakras eignen sich **Sport sowie jegliche Art von Bewegung**. Wird der Körper trainiert, können sich Anspannungen lösen, gleichzeitig wird die Körperwahrnehmung geschult. Hervorzuheben sind in diesem Zusammenhang das Laufen/Joggen und das Walken in der Natur. Da diese Sportarten im Freien ausgeübt werden, nimmt der Körper bei intensiver Atmung frische Luft auf, was ihn mit Sauerstoff und Prana versorgt. Zudem sind es wunderbare Methoden, um mit Mutter Natur in Verbindung zu gehen, den Wechsel der Jahreszeiten bewusst zu erleben, was wiederum auch den eigenen Lebensrhythmus stärkt. Gleichzeitig wird die Erdung stabilisiert.

Erdende Entspannungsübung: Stellen Sie sich aufrecht und entspannt hin, die Füße stehen leicht auseinander. Das Becken kippt leicht nach vorne, die Knie sind locker. Wenn Sie mögen, schließen Sie die Augen. Atmen Sie nun tief ein, und heben Sie dabei die Arme über den Kopf. Halten Sie einen Moment in gestreckter Haltung den Atem an. Senken Sie dann wieder langsam beim Ausatmen die Arme.

Wiederholen Sie mehrmals diesen Bewegungsablauf, und konzentrieren Sie sich dabei auf Ihren Atem.

Nehmen Sie bei dieser Übung bewusst wahr, wird Prana durch ihren Körper fließt, und spüren Sie, wie Sie von Ihren Füßen getragen werden. Lassen Sie aus Ihren Füßen goldene Wurzeln nach unten in die Erde wachsen, spüren Sie, wie Sie über diese goldenen Wurzeln mit Mutter Erde verbunden sind.

Nach dieser Übung können Sie noch einen Moment mit geschlossenen Augen nachspüren. Öffnen Sie dann die Augen, und lockern Sie durch leichten Drehbewegungen aus der Hüfte heraus Ihren Körper, lassen Sie dabei die Arme locker pendeln.

Sauna und Massage sind angenehme Möglichkeiten, den Körper zu entspannen. Durch kalte Güsse, die die Blutzirkulation aktivieren, kann man diesen wieder besser wahrnehmen. Der Körper ist Ihr Tempel, achten und lieben Sie ihn!

Trommelmusik und afrikanische oder indianische Rhythmen wirken erdend. **Tanzen** nach dieser Musik kann Wunder bewirken. Bei diesen erdenden Rhythmen kann man wunderbar den ganzen Körper »ausschütteln« – das löst Spannungen.

Umgeben oder kleiden Sie sich mit der Farbe **Rot**, wenn Sie müde und erschöpft sind. Sie können auch eine **Farbmeditation** machen, indem sie ihr grob- und feinstoffliches Körpersystem mit dieser vitalisierenden Farbe auffüllen.
Neigen Sie eher zur Hyperaktivität und können nicht abschalten, fühlen sich jedoch erschöpft, arbeiten sie lieber mit der Farbe **Blau** am Abend – sie beruhigt. Die Farbe **Grün** hat eine ausgleichende und beruhigende Wirkung, vitalisiert aber zugleich. Grün ist eine der Heilfarben, die fast immer angewendet werden können. Auch das Essen von roten Früchten trägt zu ihrem Wohlbefinden und der Stärkung des ersten Chakras bei.

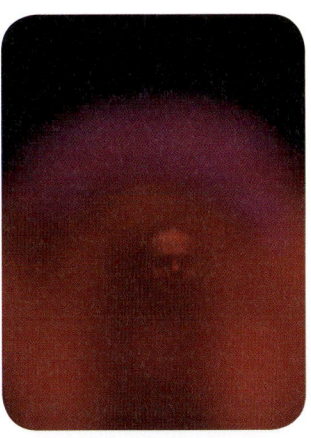

« Das Wurzelchakra ist bedingt durch Stress blockiert (Dunkelrot).

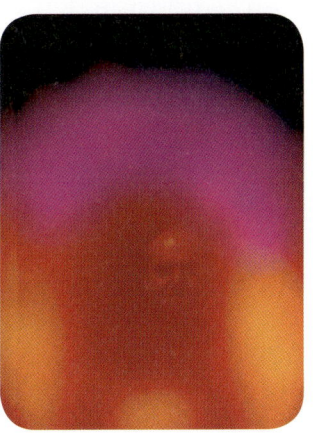

« Sechs Monate später: Nach Abbau von Stress durch Umgestaltung des Alltags und durch regelmäßigen Sport ist das Wurzelchakra in kräftigem Orange zu sehen.

Übungen und Möglichkeiten zur Aktivierung des Emotionalkörpers und des Sakralchakras

Gefühle sind Signale, die uns Impulse geben, zu wachsen und zu lernen. Wenn wir eine Zeit lang bewusst auf sie achten, erfahren wir viel über uns selbst.

Folgender Fragenkatalog kann helfen, die eigenen Verhaltensmuster zu erkennen, um diese dann entsprechend zu bearbeiten. Was stört, ärgert oder verletzt Sie?

In meinen Beratungen arbeite ich mit folgenden Fragen:

»Woran erinnert Sie diese Situation? Haben Sie schon Ähnliches erlebt? Wenn ja: Wann, wo und wie war das?«

»Was hat die ganze Geschichte mit Ihnen zu tun?«

»Was will Ihnen diese Situation oder der Mensch mitteilen?«

»Was ist Ihre übliche Reaktion auf vergleichbare Ereignisse?«

»Welche/s Gefühl/e nehmen Sie jetzt wahr?«

»Was macht Sie so ärgerlich, hilflos, wütend, gelähmt, aggressiv etc.?«

»Ist es Ihr eigenes Gefühl, oder haben Sie etwas von Ihrem Gegenüber übernommen?«

»Sind Sie verantwortlich, oder liegt die Verantwortung bei jemand anderem?«

»Was können Sie für sich tun, um dieses Gefühl, das Sie nicht spüren wollen, anzunehmen?«

»Was hilft Ihnen, sich in einer angespannten Gefühlslage trotzdem zu mögen/ zu lieben?«

»Was hilft Ihnen, aus dieser Anspannung herauszufinden?«

»Was oder wer kann Ihnen helfen, eine neue Strategie zu entwickeln, um nicht in übliche Muster zu verfallen?«

»Wie entkommen Sie Ihrem gewohnten Kreislauf?«

»Welchen neuen Weg können Sie ausprobieren?«

Diese Fragen bzw. die Antworten darauf helfen, negativ erlebte Emotionen besser zu verstehen. Das Verstehen und das Annehmen helfen, bei sich selbst zu bleiben, um dann ins Verarbeiten zu kommen. Danach kann allmählich die Opferhaltung aufgegeben werden, und die Belastung, das Leid, wird losgelassen.

Eine **Atemübung** zur Entspannung des Emotionalkörpers und des Sakral- und des Solarplexuschakras: Legen Sie eine Hand auf den Bauch, die andere auf den Herzbereich – tief einatmen. Dabei kann goldenes Licht/goldene Energie visualisiert werden. Beim Ausatmen stellen Sie sich vor, wie in einer grauen Wolke der Ärger, die Belastung etc. aus dem Körper hinausströmen. Wiederholen Sie das so oft, bis Entspannung eintritt.

Das linke Bild macht im Sakral- und Solarplexuschakra emotionale Anspannung (dunkles Orange) sichtbar. Das zweite Bild lässt im Sakral- und im Solarplexuschakra Lebensfreude erkennen (sonniges Gelb).

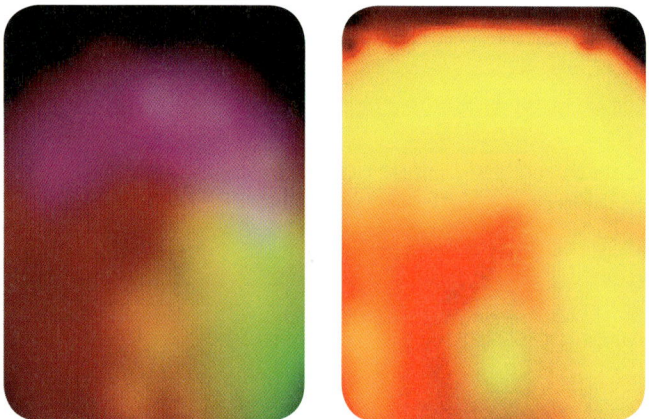

Bei akutem Ärger hilft die sogenannte **Holzhackerübung:** Stellen Sie sich breitbeinig hin, legen Sie die Hände übereinander, atmen Sie kräftig ein, und strecken Sie dabei die Arme über den Kopf. Nehmen Sie Ihre Gefühle ganz bewusst wahr. Atmen Sie dann kräftig aus, und lassen Sie dabei die Arme mit einer kraftvollen Bewegung nach unten schnellen, so, als wollten Sie einen großen Holzklotz spalten. Dabei kann auch laut »getönt« werden.

Wiederholen Sie diese Übung, bis Entspannung eintritt.

Einmal am Tag aus dem Alltag »auszusteigen« kann Wunder wirken. Ein kleines **Ritual** der Besinnung schafft neue Kraft. Schon zehn Minuten der Ruhe mit einer guten Tasse Tee und entspannender Musik können helfen, die innere Mitte zu finden.

Kreativität ist eine Kraft des Sakralchakras, die jedem Menschen innewohnt. Sie kann sich in aktiver Freizeitgestaltung beim **Malen, Musizieren, Gärtnern, Basteln etc.** ausdrücken. Wird die Kreativität gelebt, ist sie eine Bereicherung.

Umgeben sie sich mit der Farbe **Orange**, sie wirkt positiv auf ihr zweites Chakra und auch auf ihr Immunsystem. In orangefarbenen Früchten finden sich viele Vitalstoffe, die wichtig für den Organismus sind und die Abwehrkräfte stärken. Orange wirkt belebend und regt auch die Sinnlichkeit und die Kreativität an. Eine Farbmeditation mit Orange wirkt vitalisierend auf Ihr gesamtes Energiesystem.

Übungen und Möglichkeiten zur Aktivierung des Emotionalkörpers und des Solarplexuschakras

Im Solarplexuschakra ist die Energie unseres Selbstbewusstseins gespeichert. Das Beobachten des eigenen Auftretens in unterschiedlichen Lebensbereichen und Situationen kann helfen, sich selbst besser kennenzulernen. Dazu gehört, sich die eigenen Standpunkte bewusst zu machen und, wenn es erforderlich ist, auch Position zu beziehen. Manchmal kann es wichtig sein, auch einmal »gegen die Strömung zu schwimmen«, wenn eine entsprechende innere Haltung deutlich verspürt wird.

Über das Bauchgefühl erhalten wir intuitive Impulse. Das Wahrnehmen kann geübt werden, indem man einige Zeit in jeder Situation bewusst auf diesen ersten Impuls achtet, bevor die Gedankenkraft einsetzt.

Das Sich-bewusst-Machen der eigenen Grenzen und diese nach außen zu signalisieren hilft im Umgang mit anderen Menschen. Gleichermaßen ist es wichtig, die Grenzen der anderen zu erfassen und zu achten, auch wenn ein Impuls verspürt wird, einzugreifen oder zu helfen. Zeitweise kann es sehr hilfreich sein, zu überprüfen, inwieweit man sich seiner Grenzen bewusst ist, da sich im Lauf des Lebens das Empfinden für Grenzen verändert.

Die Übungen können intuitiv ausgewählt werden, es gibt keine Rangliste. Jede Übung, die bewusst ausgeführt wird und Ihr Wohlbefinden verbessert, reinigt und stärkt Ihre Chakren.

Die folgenden Bilder lassen positive Veränderungen durch das Ausführen verschiedener Übungen erkennen. Da es sich um einen aktiven Menschen handelt, der die Natur liebt, hat er eine Kombination von aktiver und passiver Entspannung gewählt. Das regelmäßige Joggen (aktive Entspannung) in der Natur hilft ihm, tief zu atmen. Auf diesem Weg kann er körperliche Spannungen lösen und gleichzeitig die Ruhe der Natur genießen, die ihn selbst zur Ruhe kommen lässt. Parallel hat er sich Freiräume geschaffen, um wieder regelmäßig zu meditieren (passive Entspannung).

« Dieses Bild zeigt im Orangebraun eine starke Anspannung im Solarplexuschakra.

« Ein auf die Person abgestimmtes Entspannungsprogramm hat bewirkt, dass sich die Anspannungen innerhalb von sechs Monaten gelöst haben: Dieses Bild zeigt im Sonnengelb Lebensfreude, Kraft und Klarheit; Türkis und Lavendel stehen für Ruhe und Gelassenheit und für Sensibilität. Es sind Eigenschaften, zu denen diese Persönlichkeit über das Joggen, bewusstes Atmen und die Meditation wieder Zugang gefunden hat.

Das Solarplexuschakra wird gestärkt und gereinigt, indem man es mit **Sonnenenergie und Wärme** auflädt. Es bringt Ihre »innere Sonne« zum Strahlen und verschafft dem Solarplexus absolute Entspannung.

Nehmen Sie sich einen Moment Zeit, und lassen Sie sich die Sonne auf den Bauch scheinen. Atmen Sie gleichmäßig tief ein und aus. Stellen Sie sich dabei vor, wie helles Sonnenlicht Ihr drittes Chakra erfüllt und in Schwingung versetzt. Wenn Ihre innere Sonne sich in alle Richtungen dreht, lassen Sie von diesem Energiezentrum ausgehend Ihr Licht in den gesamten Körper fließen. Visualisieren Sie, wie Ihr physischer Körper und alle Aurakörper in hellstem Licht erstrahlen – genießen Sie Ihre lichte Kraft. Führen Sie die Übung so lange aus, bis Sie Stabilität und Stärke in sich spüren. Scheint die Sonne nicht, kann mit einem Wärmekissen auf dem Bauch gearbeitet werden.

Es ist eine gleichzeitig reinigende und schützende Übung, die auch gut mit Kindern ausgeführt werden kann.

Saunieren wirkt positiv auf dieses Chakra ein, es entspannt und reinigt.

Alle **Bauchmuskelübungen** sorgen nicht nur für einen festen, straffen Bauch, sondern fördern gleichzeitig den Energiefluss im dritten Chakra.

Sportliche Betätigung und das bewusste Wahrnehmen der eigenen Kraft wirken sich positiv auf dieses Chakra aus. Dabei ist es wichtig, auf die eigenen Grenzen zu achten. Wenn man eher dazu neigt, sich zu überfordern, ist es eine bereichernde Erfahrung, sich zurückzunehmen. Neigt man eher zur Bequemlichkeit, kann es eine Bereicherung sein, sich an die Grenze heranzuarbeiten und diese schließlich zu überschreiten. Genießen Sie anschließend das Glücksgefühl, etwas geschafft zu haben!

Tiefe Bauchatmung versorgt dieses Energiezentrum mit Prana und entspannt es gleichzeitig. Wenn Sie es noch nicht gewohnt sind, Atemübungen zu machen, legen Sie sich bequem und gerade ausgestreckt hin, dabei sind die Beine leicht gespreizt, die Füße fallen leicht nach außen. Die Arme liegen etwas vom Körper weg, sodass ein Freiraum unter den Achselhöhlen entsteht. In dieser Lage kann die Energie gut fließen. Wenn Sie mögen, können Sie anfangs eine Hand auf den Bauch legen.

Atmen Sie tief in den Bauch hinein, der Bauch wölbt sich dabei nach außen – tief ausatmen, der Bauch senkt sich. Wiederholen Sie das mehrmals, bis Sie tiefe Entspannung verspüren.

Wenn es Ihnen schwerfällt, die Gedanken zur Ruhe zu bringen, können Sie sich vorstellen, wie Sie die Gedanken ausatmen.

Diese Übung ist hilfreich bei Ein- und Durchschlafstörungen, zur Konzentrationsförderung und zum Abbau von Stress.

Übungen und Möglichkeiten zur Aktivierung des Emotionalkörpers und des Herzchakras

Alle **Entspannungsübungen**, die mit der Konzentration auf eine **tiefe Atmung** kombiniert werden, sind für das Herzchakra eine gute Unterstützung. Hier möchte ich das autogene Training und Feldenkrais erwähnen, aber auch bestimmte Yogaübungen wirken auf das Herzzentrum öffnend, gleichzeitig auch aktivierend und entspannend.

Das Entwickeln von Selbstliebe ist die Grundlage für die Nächstenliebe. Schon in der Bibel steht: »Liebe deinen Nächsten wie dich selbst.« (Galater 5.14) Eine schöne Übung hierfür ist, sich morgens mit einem liebevollen **Lächeln** im Spiegelbild zu begrüßen.

Affirmationen für diese Übung sind:
»Ich akzeptiere mich so, wie ich bin.«
»Ich liebe mich so, wie ich bin.«
Louise Hay hat schöne Affirmationsbücher veröffentlicht, in denen Sie entsprechende Anregungen finden können.

Die Schönheit der **Natur** wirkt öffnend auf das Herzchakra. In der Natur können Beständigkeit und Ruhe wahrgenommen werden, was für uns Menschen Erholung bedeutet.

Atmen Sie bewusst und tief ein und aus. Spüren Sie dabei die Zuverlässigkeit und die Kraft ihres Herzens. Verweilen Sie mit regelmäßiger, bewusster Atmung in Ihrem Herzensraum, um Ihr Innerstes erleben zu können und innere Ruhe zu finden.

Diese **Atemübung** kann wunderbar mit der Farbmeditation verbunden werden. **Grün, Rosa und Gold** wirken positiv auf der Herzebene. Wählen Sie die Farbe intuitiv aus.

Beide Bilder offenbaren in unterschiedlichen Farben sehr herzliche Menschen, die mit Übungen zur Entwicklung der Selbstliebe, Atemübungen und meditativen Übungen wie »den weiten Kreis des Herzens« ihr Herzchakra gereinigt und energetisiert haben.

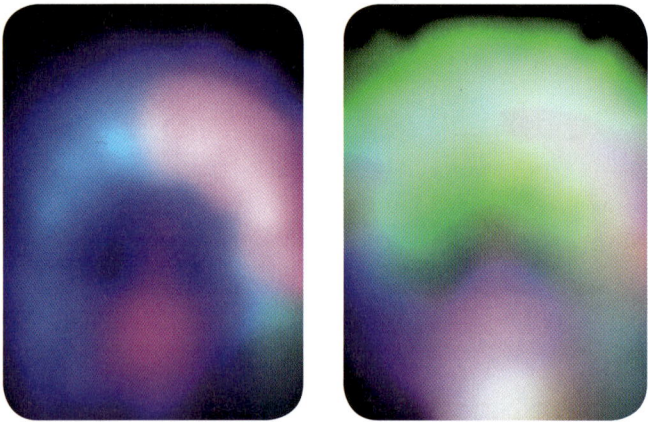

»**Der weite Kreis des Herzens**« ist eine Übung mit stark meditativer Ausrichtung.

Stehen Sie entspannt und aufrecht, die Arme hängen locker am Körper. Schließen Sie die Augen, und lenken Sie Ihre Aufmerksamkeit zu Ihrer Atmung – langsam und tief ein- und ausatmen. Mit dem nächsten Einatmen heben Sie langsam die Arme seitlich am Körper bis über den Kopf, beim Ausatmen senken Sie die Arme langsam wieder seitlich am Körper ab. Wiederholen Sie diesen Bewegungsablauf mit der Atemkonzentration. Während Sie diesen Kreis um sich herum beschreiben, lenken Sie Ihre Aufmerksamkeit auf Ihr Herz. Fühlen Sie die Zuverlässigkeit und die Stärke Ihres Herzens. Visualisieren Sie eine Lichtquelle, die aus Ihrem innersten Herzensraum entspringt. Das weißgoldene Licht breitet sich in Ihrem gesamten Herzbereich aus. Es fließt in Ihren Körper. Jede Zelle des Körpers erstrahlt in weißgoldenem Licht. Ihr Licht fließt in die gesamte Aura und dehnt sich aus.

Führen Sie nun die Arme mit dem nächsten Ausatmen wieder nach unten, und stellen Sie sich vor, dass Sie Ihren »weiten Kreis des Herzens« in Ihren Händen vor sich halten. Verbinden Sie sich nochmals bewusst mit Ihrer strahlenden Herzenergie, dann lenken Sie Ihr Bewusstsein wieder auf Ihren gesamten Körper. Öffnen Sie die Augen, reiben Sie die Hände aneinander, bewegen Sie die Füße und die Beine, um sich wieder zu erden.

Übungen und Möglichkeiten zur Aktivierung des Mentalkörpers und des Kehlkopfchakras

Das **Beobachten des persönlichen Sprachgebrauchs** und der Wortwahl über eine gewisse Zeit hinweg kann die eigene Kommunikationsweise bewusst machen. So wird es möglich, zu erkennen, wie klar man sich ausdrückt, ob man Position bezieht und persönliche Standpunkte vertritt.

Das Kehlkopfchakra ist eng mit dem Solarplexuschakra verbunden. Von diesen beiden Energiezentren werden die Selbstdarstellung und der Selbstausdruck gesteuert.

Auch die Arbeit mit **Affirmationen** unterstützt die Reinigung dieses Energiezentrums. Mögliche Affirmationen sind:
»Ich fasse meine Wahrheit in Worte, die aus dem Herzen kommen.«
»Ich erkläre meinen Standpunkt in Aufrichtigkeit.«

« Dunkelblau zeigt Anspannung und mangelndes Selbstwertgefühl.

« Nach vier Wochen: Eine Kombination aus Übungen zur Entwicklung der Selbstliebe, Atemübungen, erdenden Übungen und Übungen zur Lockerung des Nackens und der Schultern haben bei diesem Menschen zu deutlichen Aufhellungen in der Aura geführt.

Betrachten Sie die Weite des blauen Himmels, vielleicht gelingt es Ihnen, das Prana als flirrende Fünkchen am Himmel wahrzunehmen. Öffnen Sie sich für die unendliche Weite, atmen Sie bewusst und achtsam. Die **Weite des Himmels** hilft Ihnen, Ihr Bewusstsein auf der energetischen Ebene zu öffnen.

Das Meditieren mit der Farbe **Hellblau** lässt uns leichte, luftige Energie wahrnehmen und hilft, die Gedanken zur Ruhe zu bringen. Wenn es schwierig ist, die Gedanken zu stoppen, gehen Sie mit Ihrer Aufmerksamkeit zu Ihrer Atmung, und stellen Sie sich vor, wie Sie mit der Atemluft hellblaue Energie in sich einfließen lassen und wie Ihre Gedanken wie Wolken am Himmel vorbeiziehen.

Erden sie sich danach bewusst.

Die **Stirnatmung** wirkt erfrischend und aktiviert die Denk- und Konzentrationsfähigkeit. Sie klärt besonders den geistigen Bereich. Nehmen Sie eine aufrechte Sitzhaltung ein, und beobachten Sie eine Weile das sanfte Fließen des Atems, ohne etwas verändern zu wollen, bis Sie Ruhe spüren. Die einströmende Luft ist ganz frisch und kühl, die ausströmende Luft ist erwärmt. Stellen Sie sich beim Einatmen vor, dass der Luftstrom leicht und erfrischend bis in Ihre Stirn hinauffließt und ein klares, kühles Gefühl im Stirnbereich erzeugt. Jedes Ausatmen ist ein inneres Loslassen, das beruhigend wirkt.

Übungen, um den oberen **Rücken, den Nacken und die Schultern** zu lockern, helfen, die Energie in Fluss zu bringen. Die Übungen können aufrecht sitzend oder stehend ausgeführt werden.

Kurze Zentrierung – lassen Sie Ihren Atem fließen. Ziehen Sie beim nächsten langsamen Einatmen die Schultern hoch in Richtung Ohren, die Arme bleiben entspannt parallel zum Körper hängen. Senken Sie beim langsamen Ausatmen die Schultern ab.

Wiederholen Sie diesen Ablauf mehrmals, dabei verschmelzen Bewegungsablauf und Atemrhythmus miteinander.

Variation: Bei starker Anspannung führen Sie die Übung schneller aus, atmen Sie kräftig ein, und ziehen Sie dabei die Schultern entsprechend hoch. Atmen Sie mit einem »Hhhaaa« bei geöffnetem Mund kräftig aus, und senken Sie dabei die Schultern wieder.
Wiederholen Sie den Ablauf so lange, bis die Anspannung gelöst ist.
Diese beiden Übungen können auch gut am Schreibtisch ausgeführt werden. Danach können Sie leicht den Kopf abklopfen, um die Durchblutung anzuregen, was die Konzentrationsfähigkeit fördert.

Übungen und Möglichkeiten zur Aktivierung des Mental- und des Kausalkörpers, des Dritten Auges und des Kronenchakras

Das **Massieren oder das leichte Abklopfen des Kopfes** regt die Durchblutung an und fördert die Konzentration.

Massieren Sie die Ränder der Ohren von oben nach unten und wieder zurück. Das fördert die Denkfähigkeit, da Sie am Ohr wichtige Meridianpunkte stimulieren.

Das **Überprüfen der eigenen Glaubenssätze** und der inneren Überzeugungen auf negative Aussagen hilft, eigene Beschränkungen zu erkennen. Aus Liebe übernehmen wir häufig unreflektiert Systeme, die dann unseren weiteren Weg beeinflussen. Entdecken Sie eine negative Prägung, suchen Sie die passende positive Aussage. Achten Sie allerdings darauf, dass Sie die neue Aussage aus vollstem Herzen annehmen und in sich deren Energie spüren können. Dann erst entfaltet sich die heilende Wirkung.

Ein regelmäßiges Übungsprogramm aus erdenden und reinigenden Atemübungen, Übungen zur Entwicklung der Herzenergie und Meditation haben dieser Person geholfen, die Schwingung der Aura und der Chakren zu erhöhen. Durch die regelmäßige Reinigung der Chakren wurde eine bewusste Verbindung über das Höhere Selbst zur geistigen Führung geknüpft.

Meditieren unterstützt die Entwicklung des Mental- und des Kausalkörpers sowie des Dritten Auges und des Kronenchakras.

Zu Beginn kann es schwierig sein, zur Ruhe zu kommen. Wenn Sie sich zuvor bewegt haben, ist es für den Körper und den Geist einfacher, ins Nichtstun zu wechseln. Ein guter Einstieg ist, die Konzentration auf die Atmung zu richten, das hilft, den Verstand zu beruhigen. Eine schöne, entspannende Musik kann Sie dabei unterstützen »abzuschalten«. Für den Anfang genügt es, zehn Minuten täglich zu meditieren. Nach einiger Übung ist es sinnvoll, die Zeit auf eine halbe Stunde auszudehnen. Die beste Zeit für die Meditation ist morgens, so haben Sie einen wunderbaren Start in den Tag.

Farbmeditationen mit **Indigoblau oder Violett** wirken sehr positiv auf diese Energiebereiche.

Das Beobachten unserer Träume und das Führen eines **Traumtagebuchs** schaffen Zugang zu den inneren Bildern des Unterbewusstseins. Jeder Mensch hat eine individuelle Symbolik, die sich hier zeigt. Über die Traumebene findet man Kontakt zum inneren Selbst und auch zur geistigen Führung. In Träumen erhalten wir wertvolle Informationen. Durch das Schreiben des Tagebuchs lernen wir, die Sprache des Unterbewussten zu verstehen. Mit der Zeit werden die Traumbilder immer klarer und ebenfalls die Erinnerung an den Traum. So wird es mehr und mehr möglich, auch auf der Traumebene energetisch zu arbeiten.

Wahrnehmungs- und Stilleübungen für Kinder im Vorschulalter und in den ersten Schuljahren

Die freie **Natur** ist ein wunderbarer Raum für Kinder, um zu entspannen und sich in ihrem Körper zu spüren. Im Grunde sucht sich jedes Kind in der Natur genau die Anreize, die es in dem Moment braucht, sodass sich dem Erwachsenen die Möglichkeit bietet, das Kind in seinem Spiel, in seinem Erleben zu beobachten.

Folgende Stilleübungen kann man für Draußen anbieten:
Wer möchte, kann die Augen schließen, die Ohren öffnen, um die **Stimmen des Waldes** zu hören – ältere Kinder sind eventuell in der Lage, die einzelnen Laute zu differenzieren.

Man kann die **Gerüche des Waldes** oder der Natur wahrnehmen z. B. frisches Gras, frisches Heu, nasse Erde, Steine, Blumen, Waldboden usw.

Man kann verschiedene **Dinge in der Natur befühlen**, z. B., indem man einen Baum umarmt – verschiedene Bäume fühlen sich unterschiedlich an –, Steine, Blumen, Gras, Heu, Blätter usw. befühlt.

Sich auf dem Boden im Gras zu rollen macht Kindern großen Spaß. Sie spüren ihren Körper und sind in **direktem Kontakt mit der Erde.**

Kinder lieben das **Spielen mit Wasser.** Wasser steht für Gefühle, und es hilft Kindern, ihre Gefühle wieder in Fluss zu bringen.

Meditatives Malen z. B. mit Fingerfarben und Musik mögen viele Kinder gerne. Das Spielen mit Farben auf einer großen Fläche wirkt auf verschiedenen Ebenen positiv, sofern kein Leistungsdruck vermittelt wird.

Auch lieben Kinder eine wohltuende **Rückenmassage.** Die Massage hilft ihnen, den eigenen Körper wahrzunehmen und sich zu entspannen. Kindern, die Schwierigkeiten beim Einschlafen haben, hilft die Massage, die Anspannung des Tages zu lösen.

Schaukeln ist für viele Kinder beruhigend, da dadurch ihr Gleichgewichtssystem stimuliert wird und sie unbewusst an das Schaukeln in der Geborgenheit des Mutterleibes erinnert werden.

Auf einem **Trampolin** zu springen hilft Kindern, aktiv körperliche und emotionale Anspannungen zu lösen. Gleichzeitig spüren sie ihren gesamten Körper, was sie bei der Erdung unterstützt.

Die **Stimulierung der Fußreflexzonen** mit einem entsprechenden Massageroller hilft den Kindern, bewusst ihre Füße wahrzunehmen. Dadurch wird zum einen die Erdung stabilisiert, zum anderen werden im physischen Körper Spannungen gelöst, da man über die Reflexzonen der Füße den gesamten Körper und alle Organbereiche stimulieren kann. Zudem aktiviert diese Form der Massage die Selbstheilungskräfte.

Eine Übung aus der MET-Therapie kann sehr effektiv sein. Das **Stimulieren der Thymusdrüse** wirkt positiv auf das Herzchakra, das Immunsystem und die Atemwege. Die Affirmation, die dabei gesprochen wird, stärkt das Selbstvertrauen.

Mit den Fingerkuppen wird der obere Brustkorb abgeklopft. Dabei wird folgende Affirmation mehrmals gesprochen und regelmäßig tief ein- und ausgeatmet: »Ich liebe und glaube, vertraue, bin dankbar und mutig.«

Auch für ältere Kinder und Jugendliche ist Bewegung wichtig. Lassen Sie Ihr Kind eine Sportart aussuchen, die ihm guttut. **Sport** ist ein gutes »Ventil«. Er hilft, sich immer wieder zu zentrieren.

Auch der Umgang mit einem **Tier** kann diesen sensiblen Kindern helfen, emotionale Spannungen zu lösen. Die Verbindung mit einem Tier ist von bedingungsloser Liebe geprägt, was sehr wohltuend ist.

Lichtkinder brauchen Möglichkeiten, ihre **Kreativität** auszudrücken. Sie brauchen Raum, sich zu entwickeln und ihre Visionen zu leben. Sprechen Sie mit ihrem Kind ab, inwieweit Sie es dabei unterstützen können, Ideen umzusetzen.

Diese besonderen Kinder fühlen sich in **Schulen** wohl, **in denen sie Selbstständigkeit und Verantwortung entfalten können.** Frontalunterricht bewirkt bei Lichtkindern meistens, dass sie »abschalten«. Sie brauchen Raum für Experimente und Selbsterfahrung. Es ist für sie wichtig, Zusammenhänge nachvollziehen zu können. Berieselung und Auswendiglernen vergällen ihnen das Lernen, obwohl sie sehr neugierig und wissbegierig sind.

Da sie schon im Kindesalter sehr eigenständige Persönlichkeiten sind, die vieles intuitiv erfassen, brauchen sie Freiraum und Klarheit, um ihr mitgebrachtes Potenzial entfalten zu können.

Fördern Sie die Intuition, bzw. bestärken Sie ihr Kind darin, auf seine Intuition zu achten und ihr zu vertrauen. Es kann sehr spielerisch damit umgegangen werden, indem Sie sich über Ihre ersten Impulse austauschen. Eine andere Möglichkeit ist, sich im Gedankenlesen zu üben oder darin, die Energie von Menschen oder Dingen wahrzunehmen. Häufig brauchen die Kinder in solchen Bereichen keine Übung, da sie oft eine erstaunliche Klarheit mitbringen. Was ihnen hilft, ist der Austausch darüber und die Sicherheit, dass sie so, wie sie sind, absolut in Ordnung sind. Besuchen Sie gemeinsam Workshops, die die Schulung und Klärung der Intuition fördern. Wählen Sie diese gegebenenfalls gemeinsam aus.

Die folgende meditative **Übung »Neue Erdung«** wirkt sehr stabilisierend, stärkend und gleichzeitig schützend. Da sie an dieser Stelle speziell für Kinder gedacht ist, verwende ich das Du als Anrede: »Suche dir einen ruhigen Raum, in dem du für dich allein eine Zeit verbringen kannst. Am schönsten ist es, wenn du dir einen Raum schaffst, wo du dich für Übungen, Entspannungen und Meditationen ungestört aufhalten kannst. Setze dich aufrecht und gerade hin, und wähle eine Haltung, in der du längere Zeit gut verbringen kannst. Du kannst dich auch hinlegen. Wenn du dazu neigst, schnell zu frieren, nimm dir eine Decke.

Komme mit deiner Aufmerksamkeit ganz bei dir selbst an. Schließe deine Augen. Gehe mit deiner Aufmerksamkeit zu deinem Körper. Spüre, wie du sitzt oder liegst, wo dein Körper den Boden berührt. Nimm deine Körper bewusst wahr.

Gehe mit deiner Aufmerksamkeit zu deiner Atmung. Atme bewusst, tief und gleichmäßig ein und aus. Atme Anspannung und Belastung aus, und lasse dich mit jedem Atemzug mehr und mehr in die Entspannung gleiten.

Bitte um Unterstützung von der geistigen Welt, den Engeln, deinem/n Geistführer/n und Lehrer/n.

Lenke deine Aufmerksamkeit zu deinem Wurzelchakra. Spüre die Energie deines Wurzelchakras. Führe von deinem Wurzelchakra ausgehend einen Lichtstrahl in deinen Erdstern, der aus deinen Fußchakren in die Erde hineinführt. Führe den Lichtstrahl vom Erdstern weiter bis zum Erdmittelpunkt. Lenke deinen Lichtstrahl bis in die Mitte der Kristallkammer der Erde. Hier ist das Herz von Mutter Erde. Nimm Kontakt zu ihr auf. Spüre die kraftvolle, behütende und starke Energie von Mutter Erde. Bitte sie, dich mit dieser wunderbaren Energie zu versorgen.

Lasse die kraftvolle Erdenergie aus der Kristallkammer durch deinen Lichtkanal nach oben fließen. Der Lichtkanal führt durch den Erdstern in dein Wurzelchakra, in dein Sakralchakra, in deinen Solarplexus, in dein Herzchakra, in dein Halschakra, in dein Drittes Auge, in dein Kronenchakra, in deinen Seelenstern oberhalb deines Kopfes. Führe den Lichtkanal weiter nach oben in deine kosmische Heimat bis hin zur göttlichen Quelle. Verweile hier, und lasse dich von göttlicher Kraft durchfluten.

Stabilisiere den Lichtkanal, der durch deine Chakren führt und diese miteinander verbindet.

Lasse dich von der Energie so lange durchströmen, bis du dich kraftvoll und aufgeladen fühlst. Führe dann noch einmal die Energie nach unten in die Kristallkammer von Mutter Erde, und fülle deinen Erdstern und dein Wurzelchakra mit dieser kraftvollen Energie.

Nimm deinen Körper bewusst wahr, spüre deine Kraft und deine Stabilität. Atme tief ein und aus. Kehre mit deinem Bewusstsein in deinen Körper zurück.«

Folgende Aurafotografien dokumentieren die Veränderungen der Schwingungsfrequenz in der Aura einer jungen Frau während der Schwangerschaft mit einem Lichtkind:

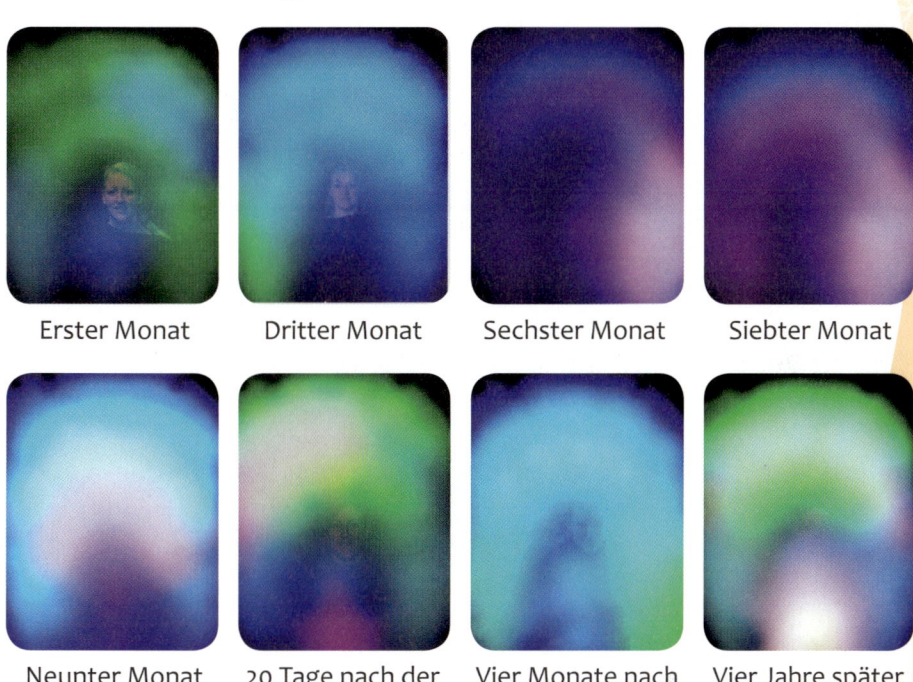

| Erster Monat | Dritter Monat | Sechster Monat | Siebter Monat |

| Neunter Monat | 20 Tage nach der Entbindung | Vier Monate nach der Entbindung | Vier Jahre später |

Glossar

ADS/H
ADS ist die Abkürzung für die Symptome des Aufmerksamkeitsdefizit-Syndroms, H steht für Hyperaktivität, eine starke Unruhe, die sich in übersteigertem Bewegungsdrang äußert.

Diese Störung kann sich bereits im Kindesalter in verschiedenen Symptomen zeigen, die zur Schwächung der Aufmerksamkeit und Konzentrationsfähigkeit führen. Es gibt unterschiedlichste Ausprägungen mit oder ohne Hyperaktivität. Aus der klassischen Literatur kennen wir die Beschreibung des Zappelphilipps von Heinrich Hoffmann. Die Ursachen, die diese ADS/H-Symptome hervorrufen, können verschiedenster Art sein. In der heutigen Zeit ist das Auftreten der ADS/H immer häufiger zu beobachten.

Akasha
Äther, (göttlicher) Raum

Aufgestiegene Meister/-innen
Menschen, die den irdischen Kreislauf der Reinkarnation überwunden haben. Sie begleiten die Menschen in bedingungsloser Liebe von der göttlichen Lichtebene aus, um ihnen beim Aufstiegs- und Erleuchtungsprozess zu helfen.

Aura
Feinstofflicher Körper, der den Menschen umgibt. Andere Bezeichnungen sind: Ausstrahlung, Charisma.

Auraorbs
Geistlichtwesen wie z. B. Engel, die sich auf der Aurafotografie zeigen.

Chakra
Aus dem Sanskrit, bedeutet: das Rad, Energiezentrum, Verbindung zwischen feinstofflichem und physischem Körper. Der Mensch verfügt über sieben Hauptchakren.

Dualität
Enge Beziehung zwischen zwei Objekten. Das Wechselspiel des menschlichen Lebens im Kreislauf von (karmisch bestimmter) Ursache und Wirkung.

Höheres Selbst

Es kann auch als göttliches Selbst des Menschen bezeichnet werden. Es befindet sich außerhalb des physischen Körpers und schafft die Verbindung zur Seele, zur göttlichen Quelle und zu anderen hohen Geistwesen. Das Höhere Selbst ist quasi der Dolmetscher für die Sprache der hohen Lichtebenen und der Seele. Über das Höhere Selbst ist es möglich, außerhalb von Raum und Zeit mit der kosmischen Ebene, aber auch mit anderen Menschen zu kommunizieren.

Ida

Ein Hauptnadi, das links entlang der Wirbelsäule verläuft. Ida ist Trägerin der weiblichen Mondenergie und entspringt dem Wurzelchakra. Bei der Erweckung der Kundalini tritt Ida aus dem geöffneten Kronenchakra. In diesem Prozess findet die Vereinigung von Ida (weiblich) und Pingala (männlich) statt, dabei hebt sich die Dualität auf.

Karma

Handlung im Sinne des Gesetzes von Ursache und Wirkung. Negatives Karma führt in die Wiederholung ähnlich geprägter Handlungen, bis dieser Kreislauf positiv unterbrochen wird. Dann ist das Karma abgelöst.

Kundalini

Die schöpferische, göttliche Kraft des Menschen, die bei der Erweckung aufsteigt. Sie wird auch als schlafende Schlangenkraft bezeichnet. Sie schlummert im Wurzelchakra im Steißbereich.

Mantra

Klangenergie von hoher Schwingung, die mit der göttlichen Ebene verbindet.

MET-Therapie

Meridian-Energie-Therapie: Durch das Beklopfen von bestimmten Meridianen und das gleichzeitige Sprechen einer Affirmation können Blockaden im Energiesystem gelöst werden. (Behandlungsmethode entwickelt von Rainer Francke[4])

---

[4] Buchempfehlung: Francke, Rainer; Schließke, Ingrid: *Klopfen Sie sich frei! MET Meridian-Energie-Therapie*, Ritter Verlag 2004

Monade

Ein anderer Begriff ist »Seelenfamilie«. Gemeint ist die kosmische Urfamilie des Menschen.

Nadi

(Sanskrit) Energiebahn, Meridian. Laut Überlieferung der tibetischen Medizin verfügt der Mensch über 70000–350000 Nadis.

Orbs

Geistwesen, die meistens als Lichtkreise auf Fotografien sichtbar sind.

Pingala

Hauptnadi; verläuft rechts entlang der Wirbelsäule und ist Träger der männlichen Sonnenenergie. Pingala entspringt wie Ida dem Wurzelchakra und tritt bei der Erweckung der Kundalini aus dem geöffneten Kronenchakra. In diesem Prozess findet die Vereinigung von Pingala mit Ida statt. Dabei hebt sich die Dualität auf.

Prana

(Sanskrit) Lebensenergie aus dem Kosmos, die über den feinstofflichen Körper und die Chakren aufgenommen wird.

Pranaröhre

Lichtkanal, der sich im erweiterten Chakrensystem öffnet und eine Verbindung zum Herzen von Mutter Erde und der göttlichen Quelle schafft. Sie verläuft parallel zur Wirbelsäule.

Reinkarnation

Der Kreislauf von Wiedergeburt und Tod, der so lange aufrechterhalten bleibt, bis jegliches Karma aufgelöst ist. Dann ist der Mensch erleuchtet und geht in den kosmischen Kreislauf zurück bzw. kann sich bewusst entscheiden, wieder zu inkarnieren, um den Menschen beim Aufstieg zu helfen.

Resonanzgesetz
Das Gesetz von Ursache und Wirkung. So, wie ich handle, wird es mir in entsprechender Form über Ereignisse und Begegnungen in meinem Alltag widergespiegelt. Ist das Verhalten von Wertschätzung für andere Menschen geprägt, wird diese Achtung wieder zurückgegeben.

Sanskrit
Ist die älteste indische Sprache, es ist die Sprache, in der die Mantren und die heiligen Schriften der vedischen Philosophie verfasst sind.

Seelenfamilie
Siehe »Monade«.

Sternensaat
Helferseelen, die von anderen Planetensystemen kommen, um den Menschen mit ihrem Wissen beim Aufstieg zu helfen.

Sushumna
Hauptnadi; Energiekanal in der Mitte der Wirbelsäule, durch den bei der Erweckung die Kundalini nach oben fließt und durch das Kronenchakra austritt. Die Sushumna beginnt im Wurzelchakra.

Tantra-Yoga
Praktiken zur Erweckung der inneren (Ur-)Kraft und zur Vereinigung mit dem (göttlichen) Selbst.

Vedische Lehre/Philosophie
Die vedische Philosophie ist eine ca. 5 000 Jahre alte Wissenschaft. Sie ist in den ältesten indischen heiligen Schriften der Menschheit dargestellt. In diesen Schriften wird erläutert, was das kosmische Bewusstsein ist und wie der Mensch dieses erlangen kann. Die Veden bilden die Grundlage des Wissens um unser Energiesystem, sie beschreiben, wie dieses über die Aura-Chakren-Arbeit mittels Yoga energetisiert werden kann.

Yoga
Wörtlich übersetzt: Einheit und Vereinigung mit dem Kosmischen, mit Gott – das ist das Ziel des Yoga. Die Grundlage des Yoga bildet das Wissen der vedischen Philosophie.

Danke

Mein herzlicher Dank gilt allen Menschen, die mir vertrauensvoll ihre Aurafotos überlassen haben. Durch ihre Unterstützung konnte dieses Buch in dieser Form entstehen.

Danke an Heidi und Markus Schirner für ihr Vertrauen in meine Arbeit. Für ihre Liebe zur Genauigkeit möchte ich Claudia Simon, meiner Lektorin, danken.

Ein herzliches Dankeschön gilt auch meinem lieben Mann für seine tolle Intuition und Klarheit, er ist mein bester Coach.

Aus tiefstem Herzen danke ich meiner geistigen Führung.

Literaturliste

Cooper, Diana: 2012. *Die Welt nimmt Kurs auf das Neue Goldene Zeitalter.* Ansata Verlag 2009

Johari, Harish: *Chakras. Die klassischen Grundlagen und die Praxis der Energieumwandlung.* Kailash Verlag 2008

Martina, Roy: *Die Chakren im Wassermannzeitalter.* Koha Verlag 2001

Menzel, Stefanie: *Chakra-Arbeit kompakt.* Schirner Verlag 2010

Ebenso erschienen im  Schirner Verlag

Ted Andrews

Die Aura sehen und lesen
*Feinstoffliche Energien wahr-
nehmen und lesen*

978-3-8434-4400-2

184 Seiten, Taschenbuch

»Jeder von uns kann die Aura sehen und lesen«, so Ted Andrews. In seinem Übungsbuch zeigt er, wie das geht.
Sie können die Übungen allein und/oder mit Partner leicht in die Tat um-
setzen. Sie lernen, die Aura zu messen und sie mit Pendel und Wünschel-
rute zu untersuchen. Sie lernen, die Farben Ihrer Aura zu interpretieren
und Gesundheitsaspekte zu erkennen und schließlich, wie Sie Ihre eigene Aura stärken und schützen können.

Sabine Kühn, Dirk Seufert

Aura sehen kann jeder
*Schritt für Schritt in die fein-
stoffliche Wahrnehmung*

978-3-8434-5061-4

96 Seiten, Paperback

Die Aura – das ist das feinstoffliche Energiefeld, das jedes Lebewesen und alle Dinge umgibt. In ihr werden Potenziale und Talente, aber auch körperliche oder seelische Traumata gespeichert. Wer die Aura seiner Mitmenschen sehen kann, hat die Möglichkeit, diese aktiv bei ihrer Weiterentwicklung zu unterstützen.

Lernen Sie die zahlreichen Facetten der Auraarbeit kennen. Schärfen Sie mithilfe von Übungen und Partnerübungen Ihren Blick für das Feinstoffliche. Steigern Sie nach und nach Ihre Wahrnehmungsfähigkeit, und vertrauen Sie mehr und mehr Ihrer Intuition.
Jeder kann Aura sehen – auch Sie!

4,99 €   5/2019